Psychoanalysis and Nothingness(Mu):
the intersection between W.R. Bion and Zen Buddhism

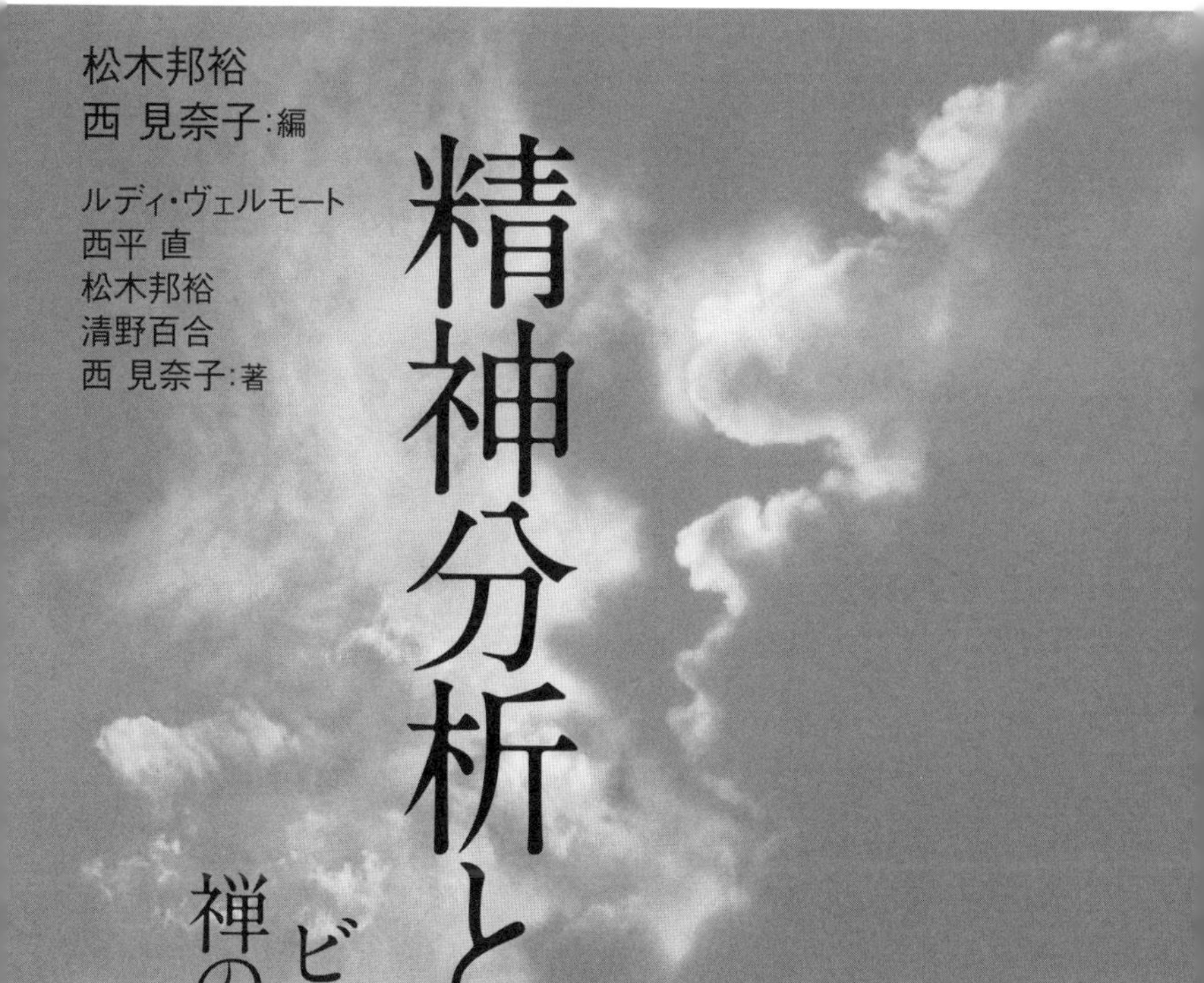

松木邦裕
西 見奈子：編

ルディ・ヴェルモート
西平 直
松木邦裕
清野百合
西 見奈子：著

精神分析と無

ビオンと禅の交差

Ψ
金剛出版

プロローグ

西見奈子

おそらく禅と精神分析の関連について初めて詳しく取り上げたのは、エーリッヒ・フロムだったのではないでしょうか。同時期にカール・グスタフ・ユングによる禅への言及やカレン・ホーナイが禅に高い関心を寄せていたことも知られていますが、私の知る限り、フロムと鈴木大拙らが共著で出版した『禅と精神分析』（東京創元社、一九六〇）ほど、その課題に正面から取り組んだ本は他になかったのではないかと思います。

その本を通して、フロムは禅と精神分析には多くの類似点があることを明らかにしました。特に強調したのは、フロイトの精神分析が単なる病気の治癒を超えたものであり、人間の救済に関わっているものであるという点です。フロムは次のように主張します。「無意識を意識的にするということは、人間の普遍性という単なる感染をこの普遍性の生きた体験に転換させる。それはヒューマニズムの体験的実現である」（『禅と精神分析』p.191）と。すなわちフロイトが示した心の防衛機制である抑圧は現実感を妨げるものであり、その抑圧の解消は現実に対する見方や体験を変えるものだということです。さらにフロムは「無意識を意識的にすることは、開放的となり、反応的となり、何物も持つことなく、しかも存在するということを意味する」のだと述べています。これは精神分析が生きることや私たちが存在することそのものに関わるものだということです。つまり精神分析も禅も人間の解放であるウェルビーイング（well- being）に関わるものなのだというのがフロムの示したことでした。

さて、本書は現在、最も世界で注目されている精神分析家であるウィルフレッド・ビオンによる精神分析の考えと禅との関連を示したものです。ここにはフロムとはまた異なる視点からの精神分析と禅の類似点が明らかにされています。

大きな反響を呼んだフロムと鈴木大拙らによる『禅と精神分析』の出版から六〇年以上の月日が経っていますが、これまで日本の精神分析界隈から禅と精神分析の関連について目ぼしい発信がなされなかったことは驚きに値することでしょう。本書によって再び禅と精神分析の扉が開かれることが期待されます。

この本は、二〇二三年一一月二日に京都大学楽友会館にておこなわれた国際シンポジウム「無心の対話（四）」の記録を元にまとめられたものです。緊急事態宣言という言葉は遠のいていたとは言え、コロナウイルスの感染拡大は完全に収まったわけではなく、対面開催を決断するのにはまだ迷いを感じる時期でした。しかもさまざまな都合から平日の午前中という日程での開催となり、集客に不安を感じていましたが、広報を始めるとそんな心配は杞憂にすぎなかったことがすぐに分かりました。全国から会場の人数制限を超える事前申込みがあり、今度はスタッフの座る場所を心配するほどでした。

シンポジストは、松木邦裕先生、ルディ・ヴェルモート先生、西平直先生の三名でした。通訳は清野百合先生が引き受けてくださいました。松木邦裕先生は、日本を代表する精神分析家であり、日本精神分析協会、さらに日本精神分析学会の会長を歴任されています。精神分析に関する多くの著作を出版するとともに訓練分析家としてもたくさんの後進を育てています。ルディ・ヴェルモート先生は、ベルギー精神分析協会の元会長であり、ベルギーのみならず、精神分析家、さらに訓練分析家として世界的に活躍されています。

松木邦裕先生とルディ・ヴェルモート先生に共通するのは、優れた精神分析家であることに加えて、ウィルフレッド・R・ビオンの理論に精通していることです。精神分析に新しい革命をもたらしたビオンの理論は、現代の精神分析においては学派を問わず欠かせないものですが、難解であることでも知られています。松木邦裕先生はビオンの理論の解説本である『精神分析体験：ビオンの宇宙――対象関係論を学ぶ立志編』（岩崎学術出版社、二〇〇九）をはじめ、多数のビオンに関連した翻訳書を訳出しています。ルディ・ヴェルモート先生もまたビオンの解説書である『Reading Bion』（Routledge, 2018）を出版しています。この著書については松木邦裕先生と清野百合先生の翻訳で我が国でも出版されました（金剛出版、二〇二三）。

一方、このシンポジウムで討論を務めた西平直先生は教育人間学、死生学、哲学に関する多くの著書を執筆されています。特に東洋的身体知について造詣が深く、無心については『無心のダイナミズム――「しなやかさ」の系譜』（岩波現代全書、二〇一四）において、さまざまな立場、時代を超えた無心の有り様に焦点を当てて論じておられます。

また、本書は、二〇一七年に出版された『無心の対話――精神分析フィロソフィア』（創元社）の続編とも言うべきものです。松木邦裕先生と西平直先生の対話が綴られたその本は、おふたりの深い思考が響き合って印象的なものでした。京都大学という場で交わされたおふたりの交流は、精神分析に新しい思考の流れを生み出しました。二〇一六年の三月に松木邦裕先生は京都大学をご退職されましたが、二〇一九年一二月二五日に第七回京都大学大学院教育学研究科レクチャーシリーズとして松木邦裕先生をお招きし、西平直先生と共にお話しいただくイベントが実現しました。その後、二〇二一年八月二一日「無心の対話（二）――修練を巡って」（京都大学楽友会館）、二〇二二年七月三一日「無心の対話（三）――仕方がないの微妙なニュアンスについて」（京都大学国際科学イノベーション棟シンポジウムホール）という形でイベントは続きました。

こうして続いたおふたりの先生の対話にルディ・ヴェルモート先生が加わったのが、二〇二三年一一月二日「無心の対話（四）」（京都大学楽友会館）の企画でした。ルディ・ヴェルモート先生は二〇一八年に京都大学に外国人客員教授として招聘され、松木邦裕先生と西平直先生とは滞在時はもちろんのこと、帰国後も交流を深めてきました。つまり彼らの対話はずっと続いていたわけです。おそらく今も変わらずに。

本来なら私的なものであったはずの先生方の会話をこうした形で私たちに共有してくださったのは本当に贅沢なことでした。貴重な対話を共有してくださった三人の先生方に改めて感謝を申し上げます。そして読者の皆様を通して、この対話がさまざまに広がっていくことを何より望みたいと思います。

目次

プロローグ　西見奈子　iii

第1章　後期ビオンの精神分析技法と東洋哲学、とりわけ無心に注目して
——Late Bion's psychoanalytic technique and its relation to Asian philosophy, especially Mushin (no-mind). ……………… 松木邦裕　3

一　イントロダクション　3
二　後期ビオンの精神分析——その概説　10
三　後期ビオンにおける東洋思想の影響——「無心」を中心に　16

第2章　精神分析技法における直観と無心……………………松木邦裕　37
はじめに　37
一　精神分析過程――真実を知ることと破局的変形　39
二　精神分析での分析患者のこころの真実を見出すための二つの方法　43
三　二つの方法、とりわけ第二の方法／道に関して――直観と無心　51
おわりに　56
第3章　「無」から見た精神分析諸概念の再解釈
……………………ルディ・ヴェルモート Rudi Vermote（翻訳：清野百合）　61
はじめに　61
一　心のモデル　65
二　無　72
三　心の三領域モデルにおける無　76
四　「無」から見たいくつかの精神分析概念の再解釈　81
五　結　論　88

第4章　ビオンの「O」と禅の「無」……西平直　93
一　三層構造　94
二　松木先生の構図　97
三　破　局　99
四　直　観　103
五　ヴェルモート先生の構図　106
六　反転図形を使って　112
七　公案をめぐって　114
八　公案「婆子《ばす》焼庵《しょうあん》」　117
九　こころの筋肉の訓練　119
第5章　西平先生の討論への応答
……ルディ・ヴェルモート Rudi Vermote（翻訳：清野百合）　123
はじめに　123
一　精神分析の訓練と分析家の態度　125

二　知　覚　129
三　破　局　130
四　Oの出現と治療的変化　134
五　嘘と真実　137
六　Oといのち　139
七　Oと知覚　140
八　欲動とO　142
九　Oは初心者に顕れるのか？　143

第6章　破局について、あるいは、はぐれた思考
——西平論考「ビオンの「O」と禅の「無」」への応答……松木邦裕　147

問いと答え　147
一　私の立脚点　149
二　私の構図　151
三　破　局　153

四　西平先生の問い1（番号は松木が恣意的に加えた仮のもの）　157
五　直　観　159
おわりに　164

第7章　さまよえる思考を宿す
――後期ビオンの「後期」と禅的思想の重なり……清野百合　167
はじめに　167
一　二種類の「後期ビオン」　169
二　三段階モデルと二重の見　179
三　後期ビオンの後期と禅的思想　183
おわりに　187

第8章　失われしもの
――精神分析と宗教の関係を考える……西　見奈子　191
はじめに　191

一　日本における精神分析と科学　194
二　Oについて　199
三　古澤平作と合一　204
おわりに　207
エピローグ　松木邦裕　211

精神分析と無——ビオンと禅の交差

Psychoanalysis and Nothingness (Mu) :
the intersection between W. R. Bion and Zen Buddhism

第1章　後期ビオンの精神分析技法と東洋哲学、とりわけ無心に注目して

Late Bion's psychoanalytic technique and its relation to Asian philosophy, especially Mushin (no-mind).

松木邦裕

一　イントロダクション

ここでの私の目的は、後期ビオンの精神分析について私が理解しえたところを紹介することにあります。それとともにそこに必然的に浮上する、ビオンが小児期までを過ごしたインドの思想、それは我が国にも入り日常的な空気の一部になっているものですが、そうしたアジア思想が陰に陽に影響を

表1　後期ビオンの主な口演と著作

一九六五年	Memory and Desire（口演）
一九六六年	Catastrophic Change（口演）
一九六七年	Negative Capability（口演） Commentary of "Second Thoughts"（著書）
一九七〇年	"Attention and Interpretation"（著書）
一九六八年～	Seminar books（口演集） "A Memoir of the Future"（著書） 自伝

及ぼしているその実態を、禅からの「無心」の概念を中心に置いて検討したいと思います。

それに際して私は、フロイトが「レオナルド・ダ・ビンチ」論文（Freud, S., 1910）で行った方法、再構成的サイコパトグラフィは行いません。それは「精神分析の悪しき伝統」（Meltzer, D., 1978）と私も考えるからです。そうではなく、後期ビオンの著述を元にした、私の直截的な想像的推測、合理的推測から述べていきます。

参考として、後期ビオンを代表する著述をここに挙げておきます（表1）。

後期ビオンは、一九六五年六月一六日英国精神分析協会学術集会での講演「記憶と欲望」に始まりました（Bion, W., 1965/2018）。

「記憶と欲望」は事前に論文配布がなかった口演でしたが、それを聴いた精神分析家たちは大きな衝撃を受けました。「記憶と欲望をこころから追放しなさい」というそれまでの精神分析には皆無な発想であるため、聴衆には困惑のみが広がりました。

その翌年一九六六年五月四日、同じく英国協会学術集会でビオンは、前年が口演のみであったことへの聴衆の不満を受け止め、事前に論文を配布し「破局的変化」を口演しました（Bion, W., 1966/2018）。この配布文書とほぼ同じものを私たちは『注意と解釈』（Bion, W., 1970）の第一二章「変形されたコンテイナーとコンテインド」で読むことができます。討論を多くしたい意図から、当日のビオンの口演はそのサマリー形式でした。

その内容の衝撃が、またもや精神分析家たちを「破局的に」困惑させました。その結果、「破局的変化」への討論もビオンにとって悲惨なものでした。

討論者の一人メルツァー Meltzer, D. は討論の皮切りに「言っていることがとても新しく極めて刺激的なので、その歓びに私は酔っぱらっている」と皮肉を言い、口演内容への憤慨と不満を表します。メルツァーはビオンの考えに「碇泊点《ていはくてん》」がないと言い、妄想－分裂ポジションや抑うつポジションといった病理構造との関連づけがないことや「心的装置の構造」はどうなっているのだと疑義をぶつけます。だが、こころの変形のダイナミズムでは、碇泊点《ていはくてん》を持たないことの重要性、つまり精神分析技法が認識論に基づく演繹法から存在論に基づく帰納法へとそのパラダイムが変換されることこそがビオンの主張でありましたし、病理構造や「心的装置の構造」という構造論的な視点を持たないことにこそ、ビオンの新しい見解がありました。

続く討論者クライニアンのジャックスJacques, E.は、ビオンが語る「Oになること」や「一致」を、コンテイナー／コンテインド関係での「共生symbiosis」としか理解できませんでした。それがビオンの論点からは的外れだったことは、今日の私たちには明白です。

独立学派のハイマンHayman, A.は、ビオンが幻覚症を示唆するために「ラテラル・コミュニケーション」に言及したところを、喚起的なコミュニケーションと教示的なコミュニケーションをビオンは混同していると批判したり、「考える人のいない考えthought」を「考える人のいない考えることthinking」と間違えて考察したり、すっかり的外れでした。その日ビオンは暗澹たる思いで帰路に就いたことでしょう（Mawson, C. CW of W. R. Bion vol.6. 2014. pp.1-43. Hayman, A., 2013. pp.19-25.）

最後に一九六七年一〇月四日ビオンは英国協会科学集会で、再び事前配布なしで「ネガティヴ・ケイパビリティ／負の能力」を口演しました（Bion, W., 1967/2018）。この講演ではビオンは自身の新しい考えと技法を裏づけるものとして、精神分析世界で無視できないフロイトと英国伝統文化の世界で無視できない詩人キーツの見解を引用します。

この二人それぞれが盲目——視力がないことno sight，負の能力negative capabilityという「無」や

「負」にあることで初めて豊饒に見えてくるものがあるという、西欧風に言うなら、パラドックス的見地を提示していることを取り上げ、「記憶なく欲望なく理解なく」精神分析セッションに臨む技法を再び唱えました。また、前年の「破局的変化」でのメルツァーの疑問もこころに残っていたのでしょう。ビオンは妄想－分裂と抑うつの両ポジションそれぞれを未飽和での「忍耐」と飽和での「安心」に読み替え、それぞれの構造ではなく両者間での変形にこそ注目すべきことも述べました。

この講演もまた聴衆に理解されるには程遠いものでした。この講演で司会を務めた当時英国協会会長だったウィニコットは、ビオンはまったく新しい技法を提示しているとその場ではエールを送りましたが、翌日付のビオンへの手紙では、記憶と、欲望もしくは意図についてのビオンの考えが腑に落ちないことを率直に伝え、見当外れに、破局的変化でビオンが引用した聖書物語に関する文献を紹介するに留まりました（Winnicott, D. W., 1967/1987 pp. 169-170）。

もはやビオンの中では英国の精神分析家への期待は終わっていたに違いありません。「ネガティヴ・ケイパビリティ」を発表した時点ですでにビオンは英国離脱を表明していました。

移住の前年、一九六七年四月ビオンは招聘されてロサンジェルスでセミナーを行いましたが、おそらくその経験が彼に英国協会を離れる決心をさせました（Aguayo, J. and Malin, B., 2013）。「ネガティヴ・ケイパビリティ」講演の約四カ月後、一九六八年一月二五日にロンドンを離れ、ロサンジェルス

表2　六つの理論装備（Bion, W., 1968/2014）

エディプス
転移
乳幼児性愛
快原則と現実原則
妄想－分裂ポジションと抑うつポジション
投影同一化

に移ります。そして、その地でビオンは、新たな精神分析を創造し続けます。

ところで一九六八年一一月の時点でビオンが、それまでの分析家の貢献から選択した精神分析的理論装備は六つのみという最小なものでした（Bion, W., 1968/2014 CWB, vol.15. p.74）。少ないほどよいというのが彼の考えでした（表2）。

それらのコンセプトは、エディプス、転移、乳幼児性愛、快原則と現実原則、妄想－分裂ポジションと抑うつポジション、投影同一化です。四つはフロイトから、二つはクラインからでした。ここに見られるのはフロイトへの回帰です。

「後期ビオン」の精神分析の特徴を端的に言うなら、認識論である「K→O」から存在論に基づく「O→K」への変換です（表3）。すなわち、まず精神分析場面での体験があって、その後に、観察による知的理解があるのです。それは、一九七〇年の著書『注意と解釈』の表題に見る「平等に漂う注意」の注意であり、その注意／観察に

表3　「後期ビオン」の特徴

「K→O」から「O→K」への変換
「O→K」達成に含意されるパーソナリティの破局的変化
こころの非表象水準の探索

続く解釈なのです。

その根拠は、ビオンが「幻覚症」と命名したこころの非表象水準を含めた、その全体を感知することが精神分析の実践では不可欠であるとの認識ゆえでした。クラインは象徴性を保持した内的表象の存在を前提とした「無意識的空想」概念に留まり、その認識に疑問を抱くこともありませんでした。しかし、そこから飛翔したビオンは、ビオン自身がβ要素と命名した、内的表象を欠く原初思考水準の体験を視界に収めました。（註――後に述べますが、ビオンはグリッドの作成での思考の成熟過程の検討を通して、β要素という非意識かつ非無意識水準（おそらくラカンの言う「現実界」）の思考と、意識と無意識の区別が成立していくCレベル思考（夢・夢思考・神話）での表象を持つ思考を区別しました［Bion, W., 1963］）。

またそこには、「ブレイクスルー」が必要でした。ビオンは患者の絶対的真実（O）に出会い、それがパーソナリティに組み込まれる変形がなされるには、破局に患者と分析家の両者が必然に襲われ、そのブレイクスルーには、分析家に「ネガティヴ・ケイパビリティ」を備えた「信」faithに基づく分析的態度と解釈（言語化）のための「達成の言語」が求められることを主張します（Bion, W., 1970）。

二　後期ビオンの精神分析――その概説

私の理解する、後期ビオンの主題に関する三つのキーワードを提示しましょう（表4）。これらは、それぞれ分析的探究、分析過程、分析的手技でのビオン精神分析の中核をなしています。

「パーソナリティの真実／Oの探求」、「精神分析過程に生じる破局的変化」、「信に基づく分析的態度と技法」

これらの三つのキーワードを文章に収めてみましょう。

精神分析場面において分析家が目指すことは、患者の「パーソナリティの

表4　三つのキーワード

「パーソナリティの真実／Oの探求」
「精神分析過程に生じる破局的変化」
「信に基づく精神分析的態度と技法」

真実／Oの探求」である。

「精神分析過程に生じる」転移の進展の中で、分析家と／あるいは患者に強い恐怖を不可避に伴う「破局」が生じる。この両者がまったく不確実で見通しのないその破局的体験にもちこたえて生き抜くとき、そこに「破局的変化」が発生し、その中で分析家は直観的に「O」を体験する。すなわち瞬時Oとの溶け合いにOとの瞬間的な一体at-one-mentが生じる。それを経て、「O↓K」、つまり絶対的真実・究極の現実（O）が表象化される。

このOへの〝進展〟を達成するには、分析家には「ネガティヴ・ケイパビリティ」を備えた、「信に基づく分析的態度」、〝記憶なく欲望なく〟平等に注意を漂わせての、〝想像的推測〟と〝直観〟という「技法」、そして解釈のための〝達成の言語〟が求められる。

次に後期ビオンの精神分析臨床を、精神分析的態度、精神分析過程、そして分析技法に区分けし、より詳しくかつ系統立てて描いてみます。それによって、ここまでコンセプトや概念で抽象的に記したところに、C水準（Grid）に該当する物語り性narrativeを含む神話的構成が得られると考えます。

精神分析的態度psychoanalytic attitude

精神分析セッションに臨む私たちに求められる態度は、ビオンが「PS」で著した忍耐に基づく開かれたこころ、もしくは未飽和なこころの状態を準備し保持しておくことです。分析的態度とは、そのこころを達成することを妨げる「記憶と欲望と理解」を除去することであり、「ネガティヴ・ケイパビリティ」を強化することによって「知らないことnot knowing」に持ちこたえることです。

この態度が、分析技法としての「平等に漂う注意」(Freud, S., 1912)をもたらします。その分析的態度は精神分析への「信faith」に裏打ちされており、同様に他の技法も「信に基づく行為」から実践されます。

ちなみにそれらの分析的態度は日本語では、「分析セッションに無心で臨む」とシンプルに言い換えることができるでしょう。

精神分析過程

分析過程で生じている精神分析的現象において、分析家が妨げない限り「転移」が優勢になることでその転移に特異な変形が進行します。それは、表面上は平穏であろうと嵐のようであろうと分析場面の両者に「情緒の攪乱」が生じている事態です。

そしてその両者は、あるとき突然に勃発する、あるいは徐々に進行する、そのまったく不確実で見通しがなく、かつ原初的恐怖を伴う「破局」の体験と表現できる現象に、事前に想定された形ではまったくない事態として遭遇します。

その破局的体験を二人が生き、分析過程に持ちこたえているとき、そこに進行している「破局的変化」の中で、とある機会にその分析場面に生じてくる現象において、患者のパーソナリティの絶対的真実・究極の現実／Oを私たち自身は身をもって直截的に体験します。それは、予測することなく突然Oになることであり、「Oになること」はその瞬間だけにできることですが、Oとの「瞬間的な一体at-one-ment」が生じていたのです。この現象を通して、患者のこころの非表象水準での体験も実在化され表象されます。

分析空間の二人が経験する「破局的変化」を通過してブレイクスルーがもたらされたのなら、排除されていた患者の究極の現実、絶対的真実、Oは、新たに表象を得て患者のパーソナリティに組み込まれ、それによって新たに構成され直したパーソナリティが誕生します。

過程のこの部分の患者の体験の質は、D／抑うつ的世界と安定・安心と表現できるでしょう。そのとき分析家もまた、D／抑うつ的世界とD／安定・安心のこころになるでしょう。

それは飽和ですから、まもなく患者のこころは硬直化に至ります。けれども、分析的設定と態度が維持され分析過程が続くことは、再びおのずと未飽和に向かい、分析家と患者はどちらもがPS／妄想分裂的世界と忍耐を強いられます。

技法

前述した精神分析的態度を維持することで、分析家は「平等に漂う注意」を実践でき、そこから分析家の中に自生する、想起や視覚像の発生という「進展」が生じます。それらの進展の中から、突如「直観」に基づく、その空間や時間における患者のパーソナリティの「選択された事実」が発見できます。この直観に基づく発見は、二つの水準でなされます。一つは表象水準のものであり、もう一つは非表象水準のものです。

平等に漂う注意は、こころをCレベルの思考（夢思考・夢・神話）に置いておく、ビオンの表現を使うなら、覚醒と眠りの間の状態にしておくことです。

そこから選択された事実は、D前概念とE概念という、より覚醒された意識領域で発見されることがあるでしょう。これが表象水準のものです。一方、Aβ要素、Bα要素という意識と無意識が分かれていない非意識・非無意識の無限ゾーンでの発見、それは非表象水準のもので、前述した「Oになること」、「瞬間的な一体（At-one-ment)」からの発見です。後期ビオンは後者水準の発見をとくに重視しました。

そのとき分析家は、分析場面での現象にかかわる心的作業と並行して、同時進行的に、それらの進展に基づいている内的作業として、患者の原体験としての乳児－母親間のダイナミックな相互作用の「想像的推測」、「合理的推測」を視覚的に構成しています。これらの内的構成を包含させて、分析家は解釈を生成します。

その解釈は、分析家の中で狭義の手技としての「達成の言語」――パーソナルなもので永続して深く働き、かつ伝達可能なもの――として患者に提示されます。

これらの一連の心的営為と作業は、科学的「信に基づいた行為」であり、つまり、これらの分析家の作業の背後に精神分析への「信」が置かれています。

ここまでで私は、分析的態度と分析過程、そして分析技法を分けて述べてみました。しかし、言うまでもなく両者は密につながっています。実質的には連動しています。そのこと自体が後期ビオンの臨床の特徴であり、この特徴にみる職人的な技能取得は、こころとからだを同時に鍛錬することで達成されるというアジア的発想と重なるものです。

三　後期ビオンにおける東洋思想の影響――「無心」を中心に

1　ビオンのプロトメンタルシステムproto-mental systemに働いたもの

ロペズ－コルボLópez-Corvo, R.は『ビオン事典』(2003) の中の「禅」Zen Buddhismの項目で興味深い記述をしています。「ビオンは仏教についてはまったく触れなかったが、彼がインド・パンジャブの英国人家庭に生まれたことを忘れてはならない」(López-Corvo, R., 2003, p.315)。

私たちは精神分析家であるのなら、ビオンの誕生から八歳までのインド文化に触れた生活が、その後の彼の人生に意識的無意識的にどれほど大きな影響を及ぼし続けたかは想像に難くないことでしょう。ヴェルモート (Vermote, R., 2019 p.6) によれば、ビオンの母親はアングロ－インディアンであったようですし、また実際、幼少期のビオンは母親よりも小さく老いたインド人の乳母になついていたことを彼自身が書いています。乳児期には母親から、そして幼い時期の多くの時間をともに過ごしたその乳母から、たくさんのインド民話やおとぎ話をベッドサイドストーリーとして聴き、彼女との関わりにインドの文化と思想を体験したに違いありません。それらはビオンのプロトメンタルシステムにとても豊かな素材を提供し、原初思考、それらをつなぐ文法、そして空想を発生させたでしょう。

第一次世界大戦でビオンは英国陸軍に志願しましたが、それはノブリス・オブリージュ noblesse obligeからだったかもしれませんが、こころのどこかではヒンドゥー教の英雄神、青年の姿をしたクリシュナ Krisnaに自身を重ね、戦車隊長として先頭に立って戦っていたのかもしれません。

ビオンのOは、originのOよりもウパニシャッド思想での無二の根本実在、根源的一者であるブラフマンbrahmanに近いコンセプトに私には思われます（赤松 2018）。インド文化や思想は、仏教の伝播を通してアジア各国に広がりました。アジア文化圏は、ビオンが小児期に身をもって経験したインド思想を今日まで共有してきています。日本においても仏教を軸としたインド思想は日本文化にしっかりと根付いていました。約一五〇年前に欧米文化が本格的に導入され、それが優勢となりましたが、現在もインド思想は日本文化の根幹の一つです。そのアジア文化圏に展開している文化や思想から、後期ビオンの精神分析を眺望することが、彼の分析的発想に関してより自然な理解をもたらす可能性を私は見るのです。

2　禅

その試みをこれから行いますが、それに際してはロペズ－コルボやヴェルモートが言及している禅宗を、その頂点に使用します。

禅宗は南インド出身で中国に渡った達磨bodhidharmaが祖師とされます。我が国にはこの達磨をモデルにした「だるまさん」人形があり、この人形を知らない日本人はいません。日本では禅宗は一三世紀に中国から導入され、一四世紀から一九世紀まで日本の政治を支配した武士の間に定着しました（鈴木 1940）。

禅では無分別の智慧に到達することを目指します。その教えは修業で得るものであり、言語による論理的伝達は不可能とされます。また、「忍辱（にんにく）」、つまり侮辱や苦しみに耐え忍び、こころを動かさないことも徳目の一つです（同上）。

これらの禅の特徴を聴かれて、後期ビオンの思考、たとえば「知らないでいることnot knowing」、「Oになることbecoming O」、「KからOではなく、OからKへ」、「もちこたえることtolerance」を連想された方も少なくないと私は思います。私たち日本人にとって、禅を含めた仏教思想は空気のように日常に違和なく存在しているものです。儒教より仏教が日本人のプロトメンタルシステムの豊かな素材でした。

3　後期ビオンの精神分析とインドーアジア思想に共通するもの

ここに整理して、インドーアジア思想と後期ビオンの精神分析の関連が想定されそうな共通する特

表1　東洋思想の影響

1	becoming O、そして「O→K」という発想：「習うより慣れよ」
2	経験からの真理獲得法にある本質的自生性：自ずと現れる
3	否定形no, negativeの有意味性・有意義性：無・空・虚にある実
4	「直観」＝五感以外の感覚の肯定：幻覚症と気の近似性
5	excise練習：練習・鍛錬するほど、こころが自由になる：修業という思想

徴を挙げてみます（表1）。

（1）無心と後期ビオンの精神分析

ここで禅の「無心」ということばを提示します。なぜなら、無心には上記の五つの特徴がすべて収められているからです。無心には、鈴木大拙により、mind-no-mindという英訳が充てられてきました（鈴木 1940）。この訳語が無心ということばの意味するところをヨーロッパ言語の人たちに正確に伝えられるのか私は判断しかねますが、無心は直訳すると、「no-mind」です。ここには、無noの豊かな意味性が含蓄されています（表1）。

私たちは「無心に臨む」face it with Mushinという表現を時折しますが、それは対象の真実や事実を、知的論理的かつ意識的に解明しようとしないことです。すなわちビオンの用語でのKの姿勢をとらないことです。そして無心で臨み、体験的に真実と一体になることに身を任せます。すなわち「Oになること」becoming Oであり、K↓Oではなく、O→Kなのである。「習うより、慣れよ」という日本人には耳慣れた教えは、経験することそのものが知識の獲得より優先されることを述べています。ただし、より正確には禅では、ただ修行として体験する、すなわち、Oになるのであって、OからKに向かうことは求められていません。

この体験の例は、ドイツの新カント派の哲学者ヘリゲル Herrigel, E. の著書『弓と禅 Zen in the Art of Archery』（1948）に描かれています。彼は彼がまるでビオンであるかのように、破局を生き抜き、無という真理に出会うと言っています。

ヘリゲルの最後の章は次のようです。

「彼がこの冒険に打ち克つときには、……毀《こぼ》つことなき真理、あらゆる真理を超えた真理、あらゆる根源の形なき根源、すなわち無、全て有るものでもある無に出会う。無によって呑み込まれ、無から再生するのである」　　（Herrigel, E. Tr. by Hull, R. F. C., p.95, 訳書 2015. p.162）。

ヘリゲルが述べている「全て有るものでもある無」という考え方が、デカルト的二元論、二価論理で有と無を分ける西洋文化に生きている人たちには到達できないところですが、ヘリゲルはそこに至りました。また日本の精神分析家前田重治は、能師世阿弥らの無心の達成を目指して鍛錬される日本的芸論を取り上げ、それらが精神分析的な面接での修練や精髄に通じる感覚であることを述べています（前田 1999）。

ビオンの言う「ネガティヴ・ケイパビリティ」を保持し、「記憶なく、欲望なく、理解なく」精神分析セッションに臨むという分析的態度は、「無心に臨む」と表現できますし、「becoming O」、「at-one-ment」は「無心に出会う」と表現できるでしょう。

（2）ビオンの「無」や「負」と無心

すでに述べたように、より豊かな創造性を表すのに、not や no や negative をビオンは用いました。ビオンは明らかにそれらの否定形表現にある有意味性、有意義性を認識していました。

その見解がヨーロッパ文化に育った人たちには理解し難い故に、少しでも彼らの理解を得ようと、同文化に生きたフロイトやキーツのそれらをビオンは引用しました。しかしながら、彼の周りの人たちは皆純粋にヨーロッパ文化的教養に生まれ育った人たちでしたから、「記憶と欲望に関する覚書」(Bion, W., 1967) での討論で、フィラデルフィアのヘルスコビッツ Herskovitz, H. のコメントのように、ビオンの言うことが西洋論理としてなっていない、おかしいと考えたと思えます。ちなみに中期ビオン（一九六一～一九六四）の認識論を高く評価していたグリーン（Green, A., 1998）は「ネガティヴの働き」the work of the negativeというコンセプトを提示しましたが、ネガティヴの持つポジティヴな有意味性を西洋論理での整合性を保持して展開しようと試みたため、そこに歪みが生じています。

しかし、私たち日本人は無・空・虚にある実、つまり有意味・有意義性には馴染んでいる文化に育ってきていますので、そのまま理解できます。西田幾多郎は「己《おのれ》を空《むなしゅ》うして物を見る、自己が物の中に没する、無心とか自然法爾《じねんほうに》と云ふことが、我々日本人の強い憧憬の境地であると思ふ」（西田 1940/2004）と書きました。ここにも無心が私たち日本人にはなじみ深く生きた思考であることが著されています。

「無心」はインド由来の仏教思想が中国で「老荘思想」の影響を受けて成立した仏教禅宗のことばです（西平 2014）。「無心」ということばが含蓄しているスペース感覚は、ウパニシャッド哲学を背景に置いたヒンドゥー文化のインドで八歳まで過ごし、インド系の母親やインド人乳母に世話された幼いビオンは何処かで馴染んでいた、クライン流に表現するなら「フィーリングでの記憶memories in feeling（Klein, M., 1957/1975 WMK3. p.180. footnotes)」として、後年まで保持していたものに違いありません。すでに述べたように、ビオンの幼少期のインド体験に注目すべきことと、それが禅と通じることは、López-Corvo, R.（2002/2003）も指摘するところです。

ビオンはその感覚――「無」や「空」や「負」にポジティヴな意味合いを持たせることや主体性を

放棄すること――の有用性を、渡英後に学問として身に着けたヨーロッパ教養の思想――フロイトの精神分析概念に加えて、キーツ、カントのみならず、エックハルトの概念、――を使って伝達しようと試みました。それはたやすく神秘主義や超越と結びつけられ、ビオンの提言を胡散臭いものにしてしまうところでは失敗であったようです。

また形式面では、能動態active voiceと受動態passive voiceだけで成立している英語文法で表現しようと努めました。そこにもう一つの限界があったと私は考えます。現代ヨーロッパ言語は能動態と受動態のみで、中動態middle voiceが存在しませんが、インドや日本では今日も使用されています。ラカンは中動態の定義を「問題となる行為を主語が自らのために為す」と言ったようですが、無や空、負に係るコンセプトは、主語が過程の内部にあり、それに自然の勢いが意味され、自動詞表現や再帰的表現を担う中動態があって初めて適切に表現されるものです。（國分 2017）

禅で無心を体得すること、人間の根源的本性を徹見すること、ビオンの表現ではOになること、を「見性（けんしょう）」と言いますが、鈴木大拙（1950/2000, p.206）は、見性の体験は、「見るものもなく、見られる性もないので、そうしてそこに見性があるということがある」と述べています。まさに能動態でも受動態でもなく、中動態で初めて適切に表現されるのです。

（3）直観の使用

ビオンの言う直観に基づく発見には、強いて区別するなら、二つの水準があること、すなわち一つはポアンカレを援用した選択された事実の発見という表象水準、もう一つはOになること、瞬間的一体at-one-mentと表現されている非表象水準であるとは私は考えています。

ここでビオンによる「直観」という表現に立ち返ってみると、それは、知覚装置で感知する五感に基づくもの以外の感覚での感知のことです。ビオンは次のように言いました。

> 「精神分析的状況が正確に直観されるなら――この用語を「観察される」、「聴かれる」、「見られる」よりも感覚的連想の陰影を持たないので好む」　(Bion, W., 1967, p.134 訳書；p.138)
>
> 「便宜から、身体医が「見る」、「触る」、「嗅ぐ」、「聴く」を使うことに匹敵する精神分析家の領域のものとして、用語「直観する」を使うことを私は提案する」　(Bion, W., 1970, p.7)

一九六八年のブエノスアイレス・セミナーでビオンは、質問者が尋ねた直観での「内的な知覚internal perception」の使用に関する問いにはっきり同意しています（Bion, W., 1968/2021, pp.14-15 訳書；p.53）。

直観においてその内的な知覚が感知するもの、ビオンが直観と名づけた、というよりもそう言う以外に英語での表現のしようがなかった五感以外の感覚で感知される対象、それは何でしょうか。その対象は、ビオンの用語では幻覚症、β要素やα要素でしょうか。

日本人はその対象を「気」と呼んできています。日本人にとって「気」を感知することは、神秘的でもなければ、超越的でもありません。その「気」を感知することを私たち日本人にとって普段の日常生活に欠かせないことです。それゆえ、気は日常に使う日本語の接頭語、接尾語として多用されるもので「気配」、「雰囲気」、「空気」、「不気味」、「気分」、「気遣い」、「気心」、「気力」、「やる気」等挙げるに暇がありません。実際、この「気」によってアナライザンドのパーソナリティの何かを私たちは感知することをこころしています。

一九六七年の『再考』のコメンタリーでビオンは、「直観の成長」、「直観の増大」とその危険が普通にあることをそのときは知らなかったと、「想像上の双子」(Bion, W., 1950) に言及して述べていますす (Bion, W., 1967, p.135 訳書；pp.139-140)。この表現は、私たち、日本人の気に対する姿勢に近似しています。後期ビオンは直観の使用を重要な技法と位置づけましたが、それは幼いビオンが感覚で記憶していたインドでの日常的感覚への回帰と見ることもできそうです。

後期ビオンは、訓練されたものである直観の有用性を強調しました。たとえば、次のように言います。

「分析的に訓練された直観によって、私たちは患者が原光景について語っていると言ったり、連想の発展から意味の微妙な色合いを付け加えて、何が起こっているかの理解を膨らませることができる」

(Bion, W., 1965. p.18 訳書；p.24)

「分析家の直観能力（分析的観察）は大きく増強され発展されねばなりません。たとえそれが精神医学の同僚と異議が生じそうな状況をもたらそうともです。」

(Bion, W., 1974 São Paulo 1. p.97)

「精神分析家は直観を理解しています。彼らは日常的に仕事でそれを使っているので、それがわかるのももっともなのです。」

(Bion, W., 1968/2021, p.7 訳書；p.44)

「分析家は重圧がかかっているとき、自分の直観に注意を向け尊重できねばなりません。」

(Bion, W., 1978/1994. Säo Paulo 19. p.212. 訳書；p.208)

ここでビオンは、その直観は日頃の鍛錬で磨き続けることが必要であることも強調しました。たとえば、グリッドに関する講演（Bion, W., 1963/1997, p.21）でビオンは「分析家は自身に類似の練習を課すでしょう。それは自身の技量へのただ負担であるということではなく、直観力を鍛錬し伸ばす方法としてです」と述べました。そして、その目指すところとして、結婚に擬《なぞら》えて「盲目である直観と空虚であるコンセプトは、完全な成熟した思考を創るやり方で一緒になるとよいでしょう」(Bion, W., 1977/1980, New York 2. p.27）と述べています。

4　修練とこころの自由

ここが、ビオンの新しい技法が無心に通じる、もう一つの論拠になります。

ビオンは「記憶なく欲望なく」精神分析セッションに臨むことやネガティヴ・ケイパビリティの保持、そして直観の向上には、訓練分析、つまり自らが精神分析を経験することはその必要な前提であることを言います。加えて十分条件として、その後により困難で粘り強い、そして不快な訓練、自己鍛錬が、かなり長い間、おそらく生涯に及んで必要であることを述べています。

ビオンは精神分析実践を離れた練習、鍛錬の場を「精神分析的ゲーム」と呼びました。(Bion, W., 1968/2018)。そして、言いました。

「想像上の訓練は、音楽家がどの曲にも直接関連しないがどの曲も構成する要素に関連した、音階と練習曲を訓練することにより近い」

(Bion, W., 1963, p.101)

「分析家は、自身の精巧さへの負荷としてではなく、直観の能力を練習し発展させる方法として同様な練習に自身を向かわせます。」

(Bion, W.: The Grid. 1963/1997. p.21)

「精神分析的ゲームは、分析での直観を必要とする作業の準備として、(音楽家の練習がそれ自体は音階や手先の練習以上のものではないが、実際の音楽的創造を遂行する彼の能力を促進するように)分析家の直観を発達させるだろう」

(Bion, W., 1965, p.130)

そこで特徴的なことに、ビオンは練習excise の効力にメンタルな側面を主張しました。すなわち、こころを未飽和にすること、こころの自由度を高めることです。「この(精神分析的)ゲームの目的は、

私たちの精神的な筋肉を鍛えることです。」（Bion, W., 1968/2018, p.128）

それは、練習とは心的鍛錬であり、まさに無心の達成に通じることなのです。先に挙げたヘリゲルは、そもそもは日本弓の技術の向上のために練習しましたが、それが最終的に無心を達成させました。弓を引くに際して、目的、達成、欲望、記憶そうした何ものにもとらわれないこころをもたらしました。

ヘリゲルの例に見るように、練習は重ねるほどに技術が向上するという技量面のみでとらえるのが西欧的思考でしょう。しかしビオンは違いました。技術を磨くことでこころが磨かれる、すなわち囚われのない自由なこころをもたらすことを何故か知っていました。

日本には「道」と表現されるものがあります。武道、柔道、華道といった表現です。これらは武術、柔術、生け花というそれぞれ特異な技能から発生しています。それらの技能に「道」が加わることで、何かの技能を修練することが、こころを磨き、人間性を向上させるという考え方がここにあります。つまり、「道」においては、練習は身体技術の向上とこころの鍛錬の両面を有します。それらは無心を達成させます。このことも日本人なら誰もが普通に知っていることです。同じようにインドに育ったビオンもこの発想をもともと普通に持っていたに違いありません。

ときとして運動選手や芸術家も加わりますが、私たちは日本のさまざまな職種の熟達した職人たち、

「達人」と呼ばれる彼らが目指すところは、無心や創造的な空や虚であり、それらを達成するには厳しい修練（鍛錬、修行）が絶対に必要であると日常的に語っていることを知っています。それらのことばで表される、彼らが持つようになった技量の含むこころの解放された自由さは、ビオンが主張する解放された自由さと同じように、自己鍛錬による厳格な自己規律を保持しながら達成されます。無心ということばは、この個人史的な事実を背景に置いています。

ここも西洋思想ではわからないところなのかもしれません。実際にほんの一部のヨーロッパの分析家のみが理解できるもので、それゆえ多くの分析家は晩年ビオンは自分に甘くなったととらえてしまっています（O'Shaughnessy, E., 2005, Abel-Hirsch, N., 2019）。しかし、ヴェルモートは述べています。「すべての著述において、ビオンは厳格な枠組と鉄の規律ある統制の必要性を強調した」（Vemote, R., 2019. p.206）

ビオンは無心という日本語を知りませんでした。もし知っていたら彼は喜んだことでしょう。

5　経験からの真理獲得方法の本質的自生性

私には、ビオンは究極の現実、絶対的真実、もの自体、Oと瞬間的に一体at-one-mentになることを、ことばで表現することに大変苦労したように思われます。

それはこれまで述べてきましたように、ビオンの中に小児期に確実に醸成されていたインド体験がもたらしたもの――アジア思想に色づけられた感覚、思考法――を、中動態を欠き、能動態と受動態だけのヨーロッパ言語文法で表現しようとする困難さに出会ったからです。

それがbecoming Oといった能動的表現になったのだと思われます。しかし、ビオンが述べたかったことは、「進展evolution」という用語で伝えようとしていたように、自然に自生的に自身の中に、まさに真実と思える感覚を伴う、ある原初的な思考に繋がる視覚像や思考が湧いてくることであったのだろうと思います。

仏閣を作る宮大工のことばに「木のことは、木に訊け」というものがあります。それは、大工が仕事の対象である木の扱いを知るには、木の知識や技術を能動的に獲得するのではなく、木が教えてくれるまでその木に働き続ける中で、扱いがおのずわかるときが来るとのことです（西岡 2003）。私たちが能動的に木に見出すのではなく、木から示してくれていることにあるとき気づくのです。木とのat-one-mentです。

ここまで述べてきたように後期ビオンは、西洋論理では「存在論」と著わされていますが、こころの非表象水準への接近法に東洋的な存在論を導入していたというのが、私の理解するところです。それは同じく非表象水準への接近を探究したウィニコットが西洋実存哲学的表現を用い技法的に退行で到達を目指したことや、ラカンが西洋言語哲学から接近しようとしたこととは異なります。『ビオン全集』を編纂したモーソンMawson, C.でさえ、論理を実存哲学に依拠していました（Mawson, C., 2019）。

私は、日本人が既に馴染んでいる考え方や認識の仕方が、後期ビオン精神分析の理解に有用な装備になることを伝えたいと思いました。それはビオンを神秘的にも超越的にもしません。またビオンは、神性godheadやメシア的考えmessianic ideaの持ち主でもありません。ただビオン自身の人生を、そして精神分析臨床を生き、そこから真摯に学んだ人として親しみのある存在として私たちの前に現れるようにしてくれます。

文　献

Abel-Hirsch, N.（2019）：Bion 365 Quotes. Routledge London.

Aguayo, J. and Malin, B.（2013）：Wilfred Bion. Los Angeles Seminars and Supervision. Karnac Books. London.

Aguayo, J. et. al.（2018）: Bion in Buenos Aires. Karnac Books, London, 2018 松木邦裕監訳 清野百合訳（2021）『ビオン・イン・ブエノスアイレス1968』金剛出版、東京

赤松明彦（2018）：『インド哲学10講』岩波新書、東京.

Becon, F.（1620）：Novum Organum. 桂寿一訳（1978）『ノヴム・オルガヌム』岩波文庫、東京

Bion, W.（1950）：The Imaginary Twin. In Second Thoughts. Heinemann Medical Books. London, 1967. 中川慎一郎訳（2007）「想像上の双子」『再考：精神病の精神分析論』金剛出版、東京

Bion, W.（1963）：The Elements of Psycho-Analysis. Heinemann. London. 福本修訳（1999）『精神分析の方法Ⅰ』法政大学出版局、東京
Bion, W.（1963/1997）：The Grid. In Taming Wild Thoughts. Ed. Bion, F. Karnac Books, London.
Bion, W.（1965）：Transformations. Heineman Medical Books. London.
Bion, W.（1965）：Memory and Desire. In Mawson, C. Ed Three Papers of W.R. Bion. Routledge, 2018.
Bion, W.（1966）: Catastrophic Change. In Mawson, C. Ed The Complete Works of W. R. Bion. 6. 2014 Karnac Books, London.
Bion, W.（1967）：Negative Capability. In Mawson, C. Ed Three Papers of W.R. Bion. Routledge, 2018.
Bion, W.（1967）: Notes on Memory and Desire. The Psychoanalytic Forum, 2. pp,272-273, pp.279-280, also in Spillius, E.B. Ed Melanie Klein Today. Routledge. London. 1988. 中川慎一郎訳（2000）「記憶と欲望についての覚書」木邦裕監訳『メラニー・クライン トゥデイ③』岩崎学術出版社、東京
Bion, W.（1967）: Second Thoughts. William Heinemann Medical Books. 中川慎一郎訳（2007）『再考：精神病の精神分析論』金剛出版、東京
Bion, W.（1968/2014）: Further Cogitations. In The Complete Works of W. R. Bion. 15. 2014. Karnac Books. London.
Bion, W.（1968/2018）：Bion in Buenos Aires. Karnac Books. London, 2018. 松木邦裕監訳 清野百合訳（2021）『ビオン・イン・ブエノスアイレス1968』金剛出版、東京
Bion, W.（1970）：Attention and Interpretation. Tavistock Publications. London.
Bion, W.（1974）：Brazilian lectures 1. Säo Paulo Imago Editora. Rio de Janeiro.
Bion, W.（1977/1980）：Bion in New York and Säo Paulo. Cluie Press. Perthshire.
Bion, W.（1978/1994）：Säo Paulo. In The Clinical Seminars and others Works. Karnac Books. London. 1994.
Freud, S.（1910）：Leonardo Da Vinci and a Memory of his Childhood. SE. 11.
Freud, S.（1912）：Recommendations to Physicians practising Psycho-Analysis. SE. 12.

Green, A.（1998）: The Primordial Mind and the Work of the Negative. International Journal of Psycho-Analysis. 79; 649-665.

Hayman, A.（1966）: Ideas stirred by “On communication: a comment on ‘Catastrophic change’”. In What do our terms mean? Karnac Books, London, 2013.

Herrigel, E.（1948/2020）: Zen in the Art of Archery. Translated by R. F. C. Hull. Martino Fine Books. Eastford, CT. 魚住孝至訳（2015）『弓と禅』角川ソフィア文庫、東京

Klein, M.（1957）: Envy and Gratitude: A Study of Unconscious Sources. London, Tavistock Publications. 松本善男訳（1975）『羨望と感謝』みすず書房、東京

國分功一郎（2017）『中動態の世界』医学書院、東京

López-Corvo, R.（2003）: The Dictionary of the Work of W. R. Bion. Karnac Books. London. 松木邦裕監訳（2023）『ビオン事典』金剛出版、東京

松木邦裕（2018）「愛しさ　いとしさとかなしさのあわいに」皆藤章監修　高橋靖恵・松下姫歌編『いのちを巡る臨床』創元社、東京　Without belonging, without a safety net——Catastrophe and turmoil in an analytic space. Presented at the IPA Asia-Pacific Conference Sydney 2020.

Mawson, C.（2014）: The Complete Works of W. R. Bion. Karnac Books. London.

Mawson, C.（2018）: Three Papers of W. R. Bion. Routledge. London.

前田重治（1999）『芸に学ぶ心理面接法』誠信書房、東京

Meltzer, D.（1978）: The Kleinian Development. Clunie Press. Perthshire. Scotland. 松木邦裕監訳・世良洋・黒河内美鈴訳（2015）『クライン派の発展』金剛出版、東京

西岡常一（2003）『木に学べ』小学館文庫、東京

西田幾多郎（1940/2004）「日本文化の問題」『西田幾多郎全集九巻』岩波書店、東京

西平直（2014）『無心のダイナミズム——「しなやかさ」の系譜』岩波書店、東京

尾上兼英（監）旺文社編集（1993）『成語林』旺文社、東京

O'Shaughnessy, E.（2005/2011）：Who's Bion? Ed. Mawson, C. Bion Today. Routledge. London, 2011.

鈴木大拙（1940）『禅と日本文化』Zen Buddhism and its Influence on Japanese Culture. TheEastern Buddhist Society, Otani Buddhist College. Kyoto. 1938. 北川桃雄訳（1964）岩波書店、東京

Vermote, R.（2019）：Reading Bion. Routlegde, London. 松木邦裕監訳・清野百合訳（2023）『リーディング・ビオン』金剛出版、東京

Winnicott, D. W.（1967）：To Wilfred R. Bion. In Rodman, F. R.（ED）The Spontaneous Gesture: Selected Letters of D. W. Winnicott. Harvard University Press. London. 1987. 北山修・妙木浩之監訳（2002）『ウィニコット書簡集』岩崎学術出版社、東京

第2章　精神分析技法における直観と無心

松木邦裕

はじめに

一九七七年に米国Jason Aronson社からビオンの既刊四冊を収める合本“Seven Servants”（邦題『精神分析の方法Ⅰ・Ⅱ』）が出版されました。そこには、一九七〇年に英国で“Attention and Interpretation”がTavistock Publicationsから初版されたときにはなかった文が加えられていたのです。

ビオンはその合本の“Attention and Interpretation”の文頭に、フランシス・ベーコンの著書“Novum Organum”（1620）の中の「自然の解明と人間の支配についてのアフォリズム」〔第一巻〕から、その

「19」を加えました。その一文は、科学的方法としての純粋な「帰納法」を提示した革新的な文です。一九七〇年から“Seven Servants”出版までの七年の間にビオンは何かを思ったにちがいありません。それが何なのかは、私の想像の及ばぬところです。それにもかかわらず、及ばぬところに想像を及ぼすことがこの一文の試みです。

ベーコンのアフォリズムは次の通りです。

「真理を探究し発見するには二つの道があり、またありうる。一つは、感覚および個々的なものから最も普遍的な一般命題に飛躍し、それら原理とその不動の真理性から中間的命題を判定し、発見する、この道がいま行われている。

他の一つの道は、感覚および個々のものから一般命題を引き出し、絶えず漸次的に上昇して、最後に最も普遍的なものに到達する、この道は真の道であるが未だ試みられていない」

（Becon, F. Novum Organum. 1620. 桂寿一訳『ノヴム・オルガヌム』岩波文庫、一九七八）

私の考えを述べてみましょう。

ビオンは、ベーコンの主張する純粋な「帰納法」が論理としては正しくても、精神分析という実際場面での人のこころの真実の発見では、帰納法に分析家による直観が介在することを示す意図でこのアフォリズムを引き出してきた、と私は考えます。

これから精神分析における患者の真実を見出すその二つの道を、私の理解するところに沿って述べてみたいと思います。それらは、ビオンの見解よりずっと妥協的なものです。

その前に、精神分析の経過、すなわち「精神分析過程」を私がどのように理解しているかを述べておきましょう。

一　精神分析過程——真実を知ることと破局的変形

1　転移の起源と変形

精神分析過程は転移を中軸に進展します。その転移現象の起源は、その分析患者の生下時から形成された、人生の核（複数）を築いている思考にあります。そして、転移現象は、その思考が面接室内に実在化 actualize されたものです。

その実在化は三領域で現象化します。すなわち分析家という対象表象、面接室という外的空間、分析家のこころ／内的空間です（松木 2015）。

2　精神分析過程

それらの起源を持つ転移とその変形によって成立していく「精神分析過程」のダイナミクスは、次のようです（松木 2018）。

分析家は、分析患者の人生の核を築いている思考に起源を持つ転移が、自生的に面接室に実在化するのを妨げることなく、かつ、分析患者にとっての真実、ヌーメノンが実在化した転移現象の中に、分析家その人としてではなく、転移対象として存在することが求められます。その過程を通っていくとき、患者の思考は変形され、内的諸対象関係を含むそのオリジナルな情景sceneとして面接室内で展開し、分析家に感知されます。主にそれは（外的と内的に）視覚化されますが、後に述べるように、起源的思考の成熟度によって、不定形な像、ピクトグラム、断片的な画像の形態であることも、物語り性を備えてドラマタイゼーションされることもあります。

そこでもし分析家が転移対象そのものとして居るだけであれば、その転移現象は変形のない、起源的思考の行為的「反復強迫」で終わります。それは主体にとって本質的に「惨事」です。

表1　精神分析過程

転移過程の始動
↓
転移の進展
↓
新しい真実の感知に基づく破局経験の切迫と出現; 飽和から未飽和の状態へ
↓
解釈・洞察を通して新しい真実を内包したこころの飽和化 （その後、破局と飽和化は反復される）

けれどもそこに、分析家が転移現象を観察、すなわち、感知と思考化を通した「注意と解釈」ができるなら、行為的「反復強迫」でありえた転移現象から「新たな思考」brain childが現れます。すなわち、分析家と患者に「反復強迫」されている行為（β要素、α要素、初期C水準の思考）が、解釈を通してより成熟した新しい思考に変形され、さらに新たに概念化され、患者のこころに置かれようとするのです。

その新しい思考が患者のこころの真実であるなら、それは、飽和され閉鎖システム化していた患者のこころに大きな亀裂を作ろうとし、その思考を収めるか拒絶するかの選択を既成のこころに迫ります。この未飽和化をめぐる攻防は「ターニングポイント」と呼ばれるなまやさしい局面ではなく、こころの破綻や解体という「破局」の切迫であるように私は思います。

そこにおいて分析場面の二人が、その破局から破綻や解体を来さすことなく新しい思考を収めることができるなら、それは突破 breaking through であり、新しい思考は患者のこころに収められ、こころ全体の「変形」が生じます。ビオンが「破局的変化」と呼んだ所以です（Bion, W., 1966, 1970, 1977）。

精神分析過程では、この経過が繰り返され、患者のこころの変形は進みます。ウィニコット（1954）は、精神分析過程での分析家の役割の特異さを次のように述べました。

「分析は単に技術的な実践ではない。それは私たちが基本技術を獲得する中で、ある段階に達したときにできるようになる何かである。私たちができるようになることのおかげで、次のような過程に従う際に、私たちは患者と協力することができるようになる。その過程とは、それぞれの患者においてそれ独自のペースがあり、独自の道筋を辿る。すなわち、この過程の重要な特徴はすべて患者に由来するのであり、分析家としての私たち自身からではない」

（Winnicott, D.W., 1954, p.278）

精神分析過程に戻りましょう。

この過程は、患者の意図にも治療者の意図にも従わず、その場の二人は見通せないプロセスです。その過程は、転移体験を共に生きるときに生じる破局を両者が生きていくことなのです。

何処に向かうのか、どうなるのかわからない破局的転移体験を見通せないままに生き続けていくそのあるとき、分析場面に実在化している真実がその二人のどちらかに直観され、「思考化」され、解釈あるいは洞察として言語化されます。そのとき、真実を含む転移体験は、視覚像から思考に変形されています。そこで「知らない」私たちは「知る」のです。

このようにして、終局的には「精神分析過程」は、のちに真実と認識される思考それ自体の実在化が導く過程として進展します。

二　精神分析での分析患者のこころの真実を見出すための二つの方法

これから私は、精神分析場面での分析患者のこころの真実を見出す実践的な二つの方法／道を提示していきます。

1　知ること――無意識的空想を「知ること」をめざす方法（表2）

二つの道の一つ目を述べます。

ここでのキーワードは「無意識的空想」です。より正確に言うなら、分析患者の抱く内的世界のあり様を断片的か、まとまって垣間見せる無意識的空想を「知ること」を継続かつ漸進的に進めていき、やがて空想／内的世界の全体像を掴む道です。「知ること」すなわち「認識論」epistemologyに基づいています。

そもそも精神分析は「無意識を意識化する」ことを目的にしましたが、クラインはそれが対象関係や欲動、防衛システムも含む「無意識的空想」を知ることであると改めて認識しました。「無意識的空想を知る」というその考え方は、広義の英国対象関係論者において広く共有されました。こうして、転移を介して患者の無意識的空想を知る方法が、分析的探求の基軸に置かれ続けています。

ここで強調したいのは、無意識的空想は五感に基づく内的体験なのですが、無意識的空想はクラインが子どものプレイから、大人の分析では夢から見出したように、視覚表象がその中心にあることです。クラインは、分析患者の人生史の「全体状況」として分析場面に現れる転移現象の細やかな理解が無意識的空想の解明をなし遂げる、と主張しました（Klein, M., 1952)。

クラインの技法を推敲したその代表的な一人がジョセフです。彼女によれば無意識的空想は、意識的無意識的に分析関係の今ここで、患者が治療者を巻き込んだ二人の関係を言語的非言語的に構築するその仕方においてヴィヴィドに現実化されるというものです。無意識的空想は、患者の言語と非言語的コミュニケーション、それに反応して治療者の中に引き起こされた逆転移反応を通してエナクトされます。その相互作用を細やかに観察し解釈することで、治療者は、患者のこころの真実、すなわち内的世界を表象する無意識的空想の性質とそのダイナミックな状況を精密かつヴィヴィドに知ることができるというのがジョセフの見解です。ジョセフは、分析実践での「知ること」の洗練を試みました。

クラインは直観の鋭い人でしたので技法的には直観を活用した帰納法も使っていましたが、ジョセフのそれは「認識論」に基づき演繹法を用いて「知ること」をめざしたものでした。ジョセフは転移を、患者によって「転移が能動的に使用されていること」'how the transference is actively being used' (Joseph, B., 1985, p.157) と述べ、逆転移をハイマンに倣い、「分析家の中に生じる感情である逆転移」'countertransference, the feelings aroused in the analyst'（同上）と定義しています。つまり転移も逆転移も意識水準か意識化できる無意識の浅い水準のものであり、クラインが最深部の無意識に触れようとしたこととは異なります。

またジョセフは患者の心的変化を、「長期的な心の変化とは、転移において刻一刻私たちが見る絶え間のない瞬時の変化と動きに基づくものである」(Joseph, B., 1989, p.202) と言います。つまり彼女は、毎回の分析セッションに現れる無意識的空想への分析家の解釈を通した、分析患者の心的事実についての洞察による微細な変化の日々の積み重ねが、長期的なこころの変化に至らしめると考えており、「破局的変化」を述べたビオンの見解とは異なります。

こうした無意識的空想を知るための「内的分析設定」と「分析的態度」はどのようにあるのが好ましいのでしょうか。

「内的設定」としては中立性や受け身性を頑なに、デタッチトで活性の欠如のように捉えるのではなく、分析場面での二者の関係において前提とされている患者の「投影同一化」の受け手としての治療者の「能動的な感受」active receptivity（Spillius, E. B., 1988. p.5）の作動が求められています。この設定は、子どものプレイ・アナリシスでの治療者の内的設定に類似しています。

「分析的態度」に関しては、フロイトの言う冷徹な「外科医の態度」（Freud, S., 1912）ではなく、「人としての患者へ好ましい態度」とクライン（1936, Klein, M., 2017, p.30）は述べましたが、それは「人としての親しい感情と善意の態度と人のこころの働きへの真の深い敬意を含む」（1936, p.30）ものです。他にもサンドラーが提示した「自由に漂う対応」free floating responsiveness（Sandler, J. and A-M., 1998. p.51, 65）が準備されている分析的態度がここに適うように思います。

「分析の方法」は、「自由に漂う注意」free floating attentionです。それは、サーチライトのように、あるいは空をゆっくりと旋回している鷲のように、注意を向ける対象を意識的前意識的に万遍なく探索する注意のあり方です。ここには、注意を向ける対象が前意識的に想定されていることが含まれます。ちなみにヴェルモートはこのタイプの注意の在り方を治療者の「水平自由連想」horizontal free association（Vermote, R., 2020）と言っています。

「分析家の機能」では、スィーガル（1977）、H・ローゼンフェルド（1987）の言う、患者からの投影同一化を受けながら、二者関係の質を、象徴を認識して思考化し転移解釈することを含む「コンテインメント」が挙げられます。このような「内的設定」と「分析的態度」、「分析の方法」、「分析家の機能」が有機的に組み合わされたところで、分析場面での分析患者の自由連想や振舞いとそれらへの分析家の反応を通して、無意識的空想を知ることを進めるのです。

それは、空想の転移的実演の今ここでの解釈を通した部分的な解明が積み重ねられて浮き彫りにされます。そして、おそらくそれはクラインでは、乳幼児期の母子関係に関する視覚イメージ断片を、変更を加えながら根気よくつないで構成し動画化していく作業に近いものでしょう。

この「知ること」の道は、述べてきていますように方法論で言うなら「演繹法」です。クラインの「リチャード・ケース」（児童分析の記録 Klein, M., 1961/1975）を読むと明らかですが、精神分析の理論や概念・コンセプトを前意識に並置しながら、分析場面に発生する出来事をの仮説を形成する方法です。

私が思うに、この演繹法は真実への近似法であり、近似というところからはより精密な近似が達成されるのですが、無意識的空想の部分的近似的理解が成就されることに留まらざるを得ません。ビオンの表現を使うなら、「K→O」は決して起こりません。

2　知らないこと――こころの真実を直観する方法（表2）

しかしながら、私たちが分析患者を実際に理解するのは、転移体験の中で患者が投影しているものを患者自身に一ピースずつ戻して、それらを患者の内で結合させ、それから、その患者についての事実や無意識的空想の細部を把握する作業を通して、患者の生の苦悩の真実をその都度知っていく、という前述した方法だけではないと私は考えます。

そうではなく、その分析過程にいながらも、わからないままに私たちは、あるときに突如として患者の生の苦悩の真実を直観するのです。ある瞬間に、どのように彼／彼女がそれを苦悩してきたかを一挙に知るのです。それは「瞬間的な一体 at-one-ment」（Bion, W., 1970, p.33）と表現されるものです。ベーコンを援用するなら、「感覚および個々的なものから最も普遍的な一般命題に飛躍」するのです。

これがもう一つの道です。すなわち、分析患者の真実を「知らないこと」に留まっている道です。後期ビオンが示したのはこの道でした。それは「知ること」、すなわち認識論ではなく、存在論ontologyに基づく帰納法へのパラダイムシフトでした。

その「内的設定」は、ビオンの言う「もの想い」の深い水準です。それは、こころに浮かぶものはそのまま浮かばせ、わからないものをわからないものとして漂わせるこころです。「無心」とも言い換えられます。「分析的態度」はフロイトの言う「ブランク・スクリーン」であり、ビオンの言う「記憶なく、欲望なく、理解なく」です。より私たちの体験感覚に則して述べるなら、「無心」を通して「空（くう）」であろうとするのです（西平 2014, Vermote, R., 2020, 松木 2021）。

ウィニコットが述べた前述の「分析は単に技術的な実践ではない」とは、鍛錬によるこの「無心」の達成を含めていると私は思います。ビオンが語った「私たちの心的筋肉を鍛錬すること」（Bion, W., 1968/2018）によって、「見えていたものを見えなくすること」を通して「『見る』こともできるし、「見ない」こともできるようになる」のです（西平 2019）。ビオンの言う「双眼視」binocular vision（Bion, W., 1977）はそれにあたるでしょう。例としては「ルビンの盃」の二つの像のどちらをも見ることが挙げられるかもしれません。我が国では世阿弥の「離見の見」を備えた「二重の見」（西平 2019/2021）であり、「地」groundと「図」figureそれぞれが切り離されてしまうのでもなく、埋もれてしまうのでもない。「地」と「図」は「二重写し」に見られています（西平 2021)。ここが「フィールドセオリー」が届かないところであると私は考えています。

この達成があって初めて、次に述べる分析的方法が実践されます。「分析の方法」は、「平等に漂う注意」evenly suspended attention です。注意をどこにも向かわせようとせず、宙づりにされたままにしておくのです。その注意は何もはっきりと意識化させることはできません。日本的な表現では、前田重治の「無注意の注意」と言いかえることができるでしょう（前田 1999)。ヴェルモートは治療者の「垂直自由連想」vertical free association（Vermote, R., 2020）と呼びます。

この内的設定と分析的態度と分析の方法の実践では、多様なものを明瞭に、あるいはうっすらと感知していくのでしょうが、もしくは、感知した刺激は意味がつかめない視覚像を浮上させることがあるでしょう。つまるところ「分析家の機能」は「知らないこと」にもちこたえていることなのです。分析家には「ネガティヴ・ケイパビリティ」が求められ、分析過程の背景には、分析家の精神分析への「信」faith が置かれています。

そこにおいてあるとき「瞬間的な一体」が生じ、その分析患者の真実、つまり「選択された事実」(Poincaré, H., 1908）が直観されます。それに連続して突然の思考化、すなわち視覚像が瞬時に前概念もしくは概念の水準に変形されます。O→Kの成立です。その思考が、面接場面の分析的現象を伝える解釈に使用されます。

以下に、精神分析での分析患者のこころの真実を見出すための二つの道を表示してみます。「こころの真実を直観する方法」を前に、「無意識的空想を知る方法」を後に並べました（表2）。

三　二つの方法、とりわけ第二の方法／道に関して——直観と無心

私が提示した二つの方法は、二〇一二年に論文「gleichschwebende Aufmerksamkeitについての臨床的見解」（松木 2012）と題して発表したものをさらに推敲したものです。

精神分析という方法はオーストリア人のフロイトが創造したものですから、基本は第一の方法、すなわち「知ること：無意識的空想を「知ること」をめざす方法」が優先されるのかもしれません。しかしフロイトは同時に、精神分析の方法を追究するにつれて、患者の無意識が治療者の無意識に伝達されることや「敢えて自らを盲目にする」（Freud, S., 1916）といった西欧的二価論理とはまったく矛盾する姿勢を実際に提示しました。フロイト自身にもこの方法は説明し難いものだったのかもしれま

表2　精神分析実践での二つの方法

	〈こころの真実を直観する方法〉		〈無意識的空想を「知ること」の方法〉
	こころの真実に出会う	⇆	こころを理解する
内的分析設定	（より深い水準の）もの想い	⇆	投影同一化の受け手としての能動的な感受性
	「無心」		
分析的態度	記憶なく、欲望なく、理解なく	⇆	人としての患者へのgood attitude
	ブランク・スクリーン		自由に漂う対応
	「空」		
	双眼視「二重の見」（西平）／「二重写し」（井筒）		
分析の方法	平等に宙に浮かされている注意	⇆	自由に浮動する注意
	evenly suspended attention vertical free association		free floating attention horizontal free association (Vermote)
	「無注意の注意」（前田）		
分析家の機能	Not knowing／もちこたえること	⇆	Knowing／理解すること
	「無心」		
	Negative capability		Containment（Segal, Rosenfeld）
	信 faith		
	想像的（合理的）推測		
達成	「選択された事実」の直観（概念化）	⇆	「無意識的空想」を読み取る
	瞬間的な一体 At-one-ment		
解釈	分析場面で実在化した現象	⇆	空想の転移的再現の今ここで

せん。

しかしながら、この事実は、精神分析の方法は、第一の方法では十分とは言えず、精神分析が目指す分析患者のこころの真実をつかむことの達成には、第二の方法、すなわち「知らないこと：こころの真実を直観する方法」が不可欠であることを伝えています。ビオンは、「ある精神分析領域があり、それは……それ自体の現実を持つと私は想定する。機能するに適切な条件の下で適切な装置が利用できるなら、これらの現実は「直観できる」」（Bion, W., 1970, May. Cogitations, 1992, p.315）と述べました。

この第二の方法を達成するこころの態度を、私たちは「無心」と言い、物事の達成に不可欠であることを知っています。私たちが何かに集中するときに使う表現「こころを無にする」とは、ビオンが言う「記憶なく、欲望なく、理解なく」とまったく同じ態度です。記憶と欲望や理解をこころから剝ぎ取るのです。それに「そして、あなたの目指すところに向かってただ振舞うのです」を付け加えると、完璧でしょうか。

それは必然的に「ネガティヴ・ケイパビリティ」、「信」、「自生的な想像的推測」を含みます。無心は、直観をより純粋に働かせるために、日本で歴史的に推敲され純化されたこころの態度です。

ちなみにフロイトのザロメへの手紙と類似を、ドイツ人新カント派哲学者ヘリゲルHerrigelの弓道の師であった日本人阿波研造は次のように表現しています。

「私が沈思するときの仏陀の絵のように、眼をほとんど閉じていたのをよくご覧になりましたか。私が眼をそのように閉じていると、的は次第にぼんやりとなり、やがて的が私の方に来るように思われ、私と一つになります。」（武士道的な弓道　1936, p.34）。

阿波研造の発言の背景には次のような禅思考があります。「万物は無のなかにある。無より出て無に入るのである。真如lathatāとは無であり、無は真如である」（鈴木大拙 1940/p.27）［（註）真如とは絶対的真実のこと］

これらの方法を達成する心的態度の形成は、西平の表現を借りるなら、第一の方法は学習、練習で身に着けるものでありますし、第二の方法は練習を重ねた上での「脱学習」によって身につけるものでしょう。（西平 2019）

二つの方法の内、第一の道、「知ること：無意識的空想を「知ること」をめざす方法」は西洋に伝統的に築かれたデカルト的二元論、二価論理に従う科学的方法論に沿ったものであり、その論理ゆえに今日的な教育を受けた多くの人に理解されるものでありましょう。もう一方の道、「知らないこと：こころの真実を直観する方法」は、その二価論理に従いません。その事実は一部の卓越した西洋人科学者には知られていました。たとえば近代数学の雄H・ポアンカレは「選択された事実」selected factの発見に関して、物自体は決して知ることができない。科学理論はそれに近似するだけであると言い、「この特殊な美を求めるこころ、宇宙の調和に対する感覚が、この調和に貢献し得る最適な事実を選択させる」、「潜在的自我が、その微妙な直観によってこれらの組み合わせが有用なことを洞察して、それ以外のものを作らなかった」(Poincaré, H., 1908) と真実の発見には帰納法がそれを為し、そこには美的感覚と直観が作用することを述べています。

実際、後期ビオンは西欧文化の伝統の中で神秘家エックハルトやイサック・ルリア、ヨハネらを持ち出すことで同僚たちの理解を求めましたが、それはむしろ誤解を増やしました。しかしながら明らかに、この方法は禅文化に馴染んでいる私たちを納得させる何かを有しています。

今回の推敲においては、日本的なものとしての禅の思想、すなわちビオンが八歳の小児期までを過ごしたインド文化と共通するものを考慮することが必然でした。西欧的科学的論理と異なる論理がそこには存在し、私たちに真実をつかませます。

ビオンはバイカルチャーな人物でした。つまり、小児期のインド／アジアでの文化とその思考やしつけを経験し、八歳からの英国／西欧の文化とその思考やしつけも経験したのです。それが、ビオンという人なのです。六歳まで長崎に住みその後英国に暮らした小説家カズオ・イシグロと同じです。

幸いに私は、哲学者 西平直教授と精神分析家ルディ・ヴェルモート氏と出会うことができました。この出会いを抜きに、精神分析の方法に関する私の今日的見解は成立しなかったことをここに述べておきます。

おわりに

「知ること」と「知らないこと」への着目は精神分析の原点に立ち返ることです。その原点とはひとつの、しかし次の問いに向けた大きな分岐点でもあります。医療や心理臨床での治療法と呼ばれる精神分析なのか、それとも精神分析そのものなのか。

その答えは、各自が自分の中に持つものでありますので、私には何も言うことがありません。

2019.08.29に作成し2022.1.24に図表を改訂し、それを2022.02小寺精神分析志塾に使用した。その後、西平教授退職記念会（二〇二二年七月三一日）に向けて改稿した（2022.3.31）。当日のプログラムのために発表はしていない。今回『無心の対話Ⅳ』（2023.11.02）に向けて新たに改稿した。

文献

Becon（1620）：Novum Organum. 桂寿一訳（19768）『ノヴム・オルガヌム』岩波文庫、東京

Bion, W.（1966/2014）：Catastrophic Change. Mawson, C. ED The Complete Works of W. R. Bion. Vol.6. Karnac Books.

Bion, W.（1968/2018）：Bion in Buenos Aires. Karnac Books. London. 松木邦裕監訳 清野百合訳（2021）『ビオン・イン・ブエノスアイレス1968』金剛出版、東京

Bion, W.（1970）：Attention and Interpretation. Tavistock Publications. London.

Bion, W.（1970/1992）：Cogitations. Karnac Books.

Bion, W.（1977）：Seven Servants. Jason Aronson. New York.

Bion, W.（1977/2005）：The Tavistock Seminars. Karnac Books. London.

Freud, S.（1912）：Recommendations on the Technique of Psycho-Analysis. SE12.「精神分析を実践する医師への勧め」藤山直樹編・監訳（2014）『フロイト技法論集』岩崎学術出版社、東京

Freud, S.（1916）A letter to Lou Andreas-Salomé. May 25th 1916.

Joseph, B.（1985）：Transference: the total situation. In Psychic Equilibrium and Psychic Change. Tavistock/Routledge. London. 小川豊昭訳（2005）『心的平衡と心的変化』岩崎学術出版社、東京

Joseph, B.（1989）：Psychic Change and the Psychoanalytic Process. In Psychic Equilibrium and Psychic Change. Tavistock/Routledge. London. 小川豊昭訳（2005）『心的平衡と心的変化』岩崎学術出版社、東京

Klein, M.（1936/2017）：Lectures on Technique by Melanie Klein. Ed. Steiner, J. Routledge. London.

Klein, M.（1952）：The origins of transference. The Writings of Melanie Klein. Vol.3, Hogarth Press. London, 1975.

Klein, M.（1961/1975）：Narrative of a child analysis. The Writings of Melanie Klein vol.4. Hogarth Press. London.

Klein, M.（2017）：Lectures on Technique by Melanie Klein. Ed. Steiner, J. Routledge. London.

Herrigel, E.（1953/2015）：Zen in the Art of Archery. Pantheon Books. New York. 魚住孝至訳『弓と禅　付・「武士

道的な弓道」講演録』角川ソフィア文庫、東京
前田重治（1999）：『「芸」に学ぶ心理面接法』誠信書房、東京
松木邦裕（2012）：「gleichschwebende Aufmerksamkeit についての臨床的見解」精神分析研究 vol.56. No.4. pp.409-417.
松木邦裕（2015）：「真実と転移」精神分析研究 59（3）；320-328.
松木邦裕（2018）：「共通基盤としての精神分析過程」精神分析研究 62（3）；02-408.
松木邦裕（2021）：「体系講義　対象関係論下」『現代クライン派・独立学派とビオンの飛翔』岩崎学術出版社、東京
西平直（2014）：『無心のダイナミズム』岩波書店、東京
西平直（2019）：『古の思想』春秋社、東京
西平直（2021）：『井筒俊彦と二重の見』未来哲学研究所、東京
Poincaré, H.（1908）: Science et Méthode. Science and Method. Walter Scott Publishing. London. 吉田洋一訳（1953/1981）『科学と方法』岩波文庫、東京
Rosenfeld, H.（1986/1987）：Impasse and Interpretation. Tavistock Publication. London. 神田橋條治監訳（2001）『治療の行き詰まりと解釈』誠信書房、東京
Sandler, J. and Sandler, A-M.（1998）：Internal Objects Revisited. Karnac Books. London.
Segal, H.（1977）：Countertransference. International Journal of Psychoanalytic Psychotherapy, 1977. also In The Work Of Hanna Segal. Aronson. NY. 1981.
Spillius, E. B.（1988）：Introduction. IN Spillius Ed. Melanie Klein Today vol.2. Routledge. London.
鈴木大拙（1940）：『禅と日本文化』北川桃雄訳、岩波新書、東京
Vermote, R.（2020）: Psychic functioning outside of mental representations—Implications for psychoanalysis. Journal of The Japan Psychoanalytic Society. Vol.2. pp.3-16.

Winnicott, D. W.（1954）: Metapsychological and Clinical Aspects of Regression within the Psychoanalytical Set-up. In Though Paediatrics to Psych-Analysis. Hogarth Press. London, 1958. 北山修監訳（2005）『小児医学から精神分析へ』岩崎学術出版社、東京

第3章　「無」から見た精神分析諸概念の再解釈

ルディ・ヴェルモート Rudi Vermote
（翻訳：清野百合）

はじめに

心理療法は慰めやサポートを提供することが多いのでしょうが、最善の場合には、心的変化に関わっています。松木先生のご発表に沿って、そして西平先生とラプリー先生の脱学習に関する論文（2021）——世阿弥が能師たちに提唱した技法に言及されています——に沿って、本論文では、心的変化がどのように生じうるのか、そしてそれが無とどのように関係しうるのかということについて、いくつかの補完的な考えを提示します。

松木先生と同様に、私も「二重の見」なる接近法に関する西平先生の描出が好きです。脱学習に関する論文の中では、ラプリー先生がグレゴリー・ベイトソンの学習理論と結び付けています。導入として、ベイトソンの洞察とその背景にある興味深い実験を、見ていきたいと思います。

ここで私たちは海洋動物の世界に飛び込みますが、私がなぜこうしたいのかというと、本発表で重要な、未知なるもの、知りえないものの世界に、私たちを直ちに引き入れてくれるからです。

イルカはクジラと同様、海の生活に順応した哺乳類です。彼らは比較的大きな脳を持っているというだけでなく、感覚や運動技術に使われる脳の割合が、人間よりもはるかに小さいです。この基準をもとに計算すると、人間と比べるなら彼らのＩＱは二〇〇になるのです。

他にも彼らには多くの特異性があります。例えば、一度に片側の脳半球だけ眠ることや、驚くほどレム睡眠を欠いていることです。彼らの聴覚能力は非常に高く、私達が一文を要するところを一音で表現することができますし、振動を捉えることによって――ミルトン流に言うなら――「やがて朽ち行く目には見えないもの」が彼らには見えるのです。たとえば、彼らは仲間の病気を予測できます。彼らは非常にコミュニケーションに長けていて社交的です。ウィニコット風に表現するならば、「一頭のイルカだけを研究するなら、何も研究しないことになるだろう。」一頭だけのイルカなどというものはないのです。

イルカは米国海軍とロシア軍によって、機雷探索および保護や攻撃の訓練を受けています。

グレゴリー・ベイトソンは「統合失調症におけるコミュニケーションのダブルバインド理論」の科学者であり、NASAから資金提供を受け、神経科学者ジョン・リリー博士の指導のもと、秘密の研究室でイルカに関する仕事をしていました。ベイトソンはそこで自身の学習理論を発展させました。学習Ⅰは、イルカが芸を見せ、そしてこの特定の行動が新鮮な魚によって強化されるときのことで、オペラント条件付けです。しかし、この条件付けが妨害されたときに研究者たちに分かったことは、イルカはある種のメタ学習を発達させた、つまり、何か新しいことを学ぶときに報酬が得られるのだと彼らは意識するようになった、ということでした。これが学習Ⅱです。イルカのパメラとシシーは、調教師たちの根底にある動機が分かると、この知識で遊びさえしました。たとえばイルカAがイルカBの芸をして、そうすることで調教師を混乱させたり、あるいは魚の質に文句を言ったときに逆に芸をしてみせたりしました。そしてある日、あるイルカに大変特別なことが起こりました。部分的にはネグレクトのために――報酬はもはやまったく合わなくなっていました――混乱と退行の時期を経て、イルカは突然、数々のまったく新たな芸を花火のごとくやり始めました――ある種の脱学習のあと、彼の心は自由でまったく創造的になったのです。ベイトソンが言うには、このようなことは滅多に起こらないとのことでした。彼はこれを学習Ⅲまたはトリトン学習と呼びました。

ベイトソン（1972）を引用します。「予想されたことだが、この過程を想像したり記述したりすることは、科学者にも難しいだろう――彼らも単なる人間なのだから。けれども、心理療法や宗教的改宗、そして人格の深遠な再構造化が起こるようなその他の出来事においては、この種のことがときどき生じるのだと言われている。禅仏教徒、西洋神秘主義者、そして一部の精神科医は、こうしたことはまったく言語の範囲を超えていると主張している。」

ここで私たちは、無と精神分析と心理療法に関する主題に、まさに入っていくことになります。

けれどもそこに入り込む前に、同じ研究所でのちに起きた悲しい話にも触れたいと思います。若き研究者マーガレット・ロヴァットは、イルカが英語を話すよう訓練したいと思いました。もしかすると音楽の方がよかったのかもしれません。いずれにせよ彼女は、毎朝訓練をやり直すよりもイルカのピーターと一緒に生活する方が恐らく良いだろうと考えました。彼女は水盤と繋がった小さな場所を作り、イルカが好きなときに滑り込めるよう地面に十分な水を張り、彼女は少し高い場所で作業し、睡眠をとりました。イルカのピーターは若い思春期のオスでした。彼女は気づいたのですが、彼は彼女の体に興味を持ち、性的に興奮して、そのことに苦しんでいました。彼女は、必要であれば彼を楽にしてあげることにしました。彼らは親密に暮らしました。同じ研究室で、リリー博士がパメラとシシーにLSDとケタミンを用いた実験を開始しました。最終的にNASAから研究室への資金提供が打ち切られ、この研究プロジェクトは中止され、ピーターは別の場所へと送り出されました。まもなくロヴァットは、ピーターがタンクで自殺した——呼吸を止めたのです——と電話で知らされました。私がこの話を加えたのは、愛着や性愛などの欲動と無の重要性についてもあとで話すためです。

けれどもまずはすべてをまとめるために、ここ一〇年の間に私が精緻化し、いくつものカンファレンスで発表してきた心のモデルについて、手短に述べようと思います。

一　心のモデル

これは領域に分けるモデルで、ビオンの語ったことに基づいています。

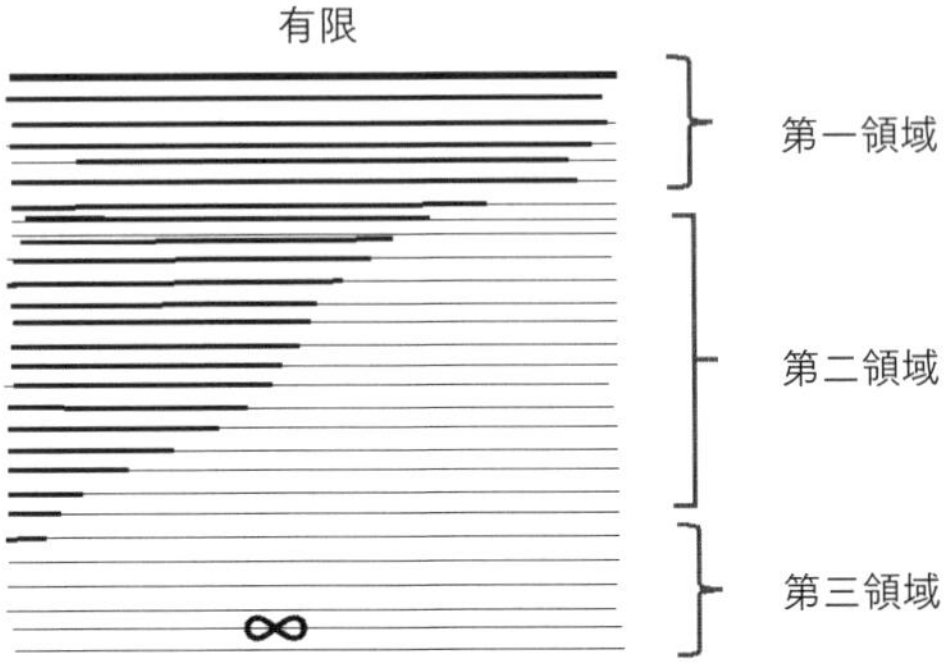

図1　心的機能の三領域

「私が導入したく思う区別／分化のための因子differentiating factorは、意識と無意識の間にではなく、有限と無限の間にある」(Bion 1965: 46)。

本モデルにおいて区別／分化のための因子とは、有限／無限の機能の度合い、あるいは別の言葉を用いるなら、分化／未分化の度合いであり、マッテ－ブランコの無限／有限に近いものです。

簡単なまとめを提示します。

第一領域：理性

第一領域は理性あるいは論理的な言語性思考です。これは有限で、分化しています。

この言語性思考の領域は洗練されており、実際的な問題を解決するのに適しています。これは意識の発達に大きな影響を与えてきました。洗練されてはいるものの、この領域は、情緒的関係など、多くの変数を持つ問題に対処することはできません。ビオン（1990）は、理性は精神分析的実践にとってはほとんど価値がない、と述べています。

この第一領域では、言語性思考や概念を用いることで、身体と心、主体と客体は別々のものとして認識されます。

第二領域

第二領域は、有限と無限の機能が混在しています。分化と未分化が混在しているのです。精神分析的には、この第二領域が、フロイト（1915）の力動的無意識、クライン（1946）の無意識的空想、そしてビオン（1965）の「Kにおける変形」、「夢－思考」／「考えること」／「もの想い」／「夢作業α」に相当します。ビオンがこれらの用語を同等視していることに注意して下さい。

この領域では、おのずから生じる思考や感情／情緒は、フロイト（1915）が自身の論文「無意識について」の中で述べた規則に従って、連想的に苦も無く結びつきます。この第二領域は、私たちが通常力動的無意識と呼ぶものに相当します。

それは、夢見ること、創造性、自由連想することといった夢様の世界です。表象が生まれ、体験が意味を与えられ、来るべきものに対して私達が無意識的に準備するのは、この領域です。

第二領域——あるいは心——は、「パターンを生成する器官」に喩えられるかもしれません。表象されていないものの中に、恒常的連接を苦も無く発見するのです。それは、それが加工処理／プロセスする情緒、感覚、知覚によって、燃料を備給されます。この第二領域は物語を語り、意味を与えます。T・S・エリオット（1922/1961）の「奇特な蜘蛛の紡いだ記憶」のようです。あるいはシェイクスピアの言葉を借りるなら、私たちが作られるのは、こうしたものからなのです。それは、「であるものwhat is」——知りえないもの——とのインターフェースです。その機能は、フロイト（1923）が無意識的自我と述べたものに相当します。神経科学では、デフォルト・モード・ネットワークに相当します。

この第二領域——小文字のmで始まる「心mind」と呼んで差支えないでしょう——は、不安や恐怖の温床でもあります。

第一領域では身体と心は区別されていますが、第二領域では身体と心の区別はより少ないです。投影同一化はそのよい例で、たとえば誰かが無意識的に、あなたとその人の間の差異が不鮮明になるよう、あなたの中に入れ置く攻撃性を、あなたは感じるのです。

第二領域は、精神分析の領野です。

第三領域

変形されているものの起源は、言語性思考や感情における表象の外側に／表象を越えて存在することに、ビオンは気づきました。それはつまり、第二領域の外側であり、私達が第三領域と呼ぶものです。

第三領域における心的機能は表象されず、そしてそれゆえ無限で未分化で、不可知で未知であり、無形なのです。

ビオン（1965/1970）はそれを指し示すために空っぽの象徴を用いました。Oです。本物の心的変化（Oにおける変形）が生じるのは、この領域においてです。Oとの接触は直観によって生じ、そしてここでの変化は言葉による洞察によってではなく、体験によって生じます。

ビオンは気づいたのですが、マイスター・エックハルトや十字架の聖ヨハネのような神秘家の言語が、Oにおける変形に言葉を与えようとするときに最も適しています。というのも、神秘家たちもまた、体験を通してしか明らかにされず伝達されえない、名づけることのできない現実を扱っているからです。

第二領域を私たちが「心 mind」と呼ぶように、第三領域の心的機能は「大文字の心 Mind」と呼べるでしょう。それは神秘家においては「根源的な心 Original Mind」、あるいは神経科学においては拡張された心 Spread Mind としばしば呼ばれるものに相当します。心的機能のこの水準においては、身体と心の区別、自己と他者の区別、自己と環境の区別はありません。O は O になるのです。それについて語ることはできません。もしできるなら、それはそれではありません。マイスター・エックハルトが言うように、「神について語ることができるなら、それは神ではない」のです。

第二領域つまり心に食べ物を不足させることによって、ビオンは、可能な限り第三領域の無限に近づいて分析しようとしました。「感覚なく、欲望なく、記憶なく、理解なく、まとまりなく。」

三つの領域の力学

第一領域と第二領域の間の力学は競合的です。論理的に考え、同時に自由に連想することはできません。

第二領域と第三領域の間の力学は、一方向的です。第二領域のもの想いと無意識的空想によって第三領域へと向かうことはできません。けれども第三領域は第二領域に影響を及ぼしえます。第三領域は第二領域に触れることができ、そしてこの体験は第二領域において形を持ちえます。これは望んで叶うものではありません。私はこの現象を「垂直の自由連想」と呼んでいます（Vermote, 2014）。これは、ある種の幻覚様の性質を持ち、第三領域－第二領域の接触によって誘発される、突然やってくるように思われるイメージ、匂いや聞こえるものです。これは水平の自由連想とは違います。水平の自由連想は、第二領域内での思考の連想的な繋がりです。

第三領域と第二領域の接触は、空っぽの心の状態で第二領域の中で深まっていくことで、促進されるでしょう。西平先生と松木先生（2017）が無心no-mindと結びつけているのは、ここにおいてです。私が提示しているモデルでは、これは第二領域の活動を弱めることに相当します。

清野先生（2023）は精神病の患者たちとの治療において、同様の現象を述べました。理解ともの想いの代わりに、彼女は、麻痺して機能できない状態の中で患者とともに居続けることができました。ある時点でこれは、治療者における第三領域から第二領域への進展をもたらし、そしてそれに患者が呼応して、不安の減少とまとまりの増大が生じたのです。

第一領域と第二領域の接触、そして第三領域と第二領域の接触について、述べてきました。いまや私の問いは、こうなります。「第三領域と第三領域の接触を持つこともまた、可能なのだろうか？」と。ここで私は、無へと向かいます。

二　無

無は概念ではありません。無を定義することは不可能で、それを翻訳することすら大変難しいです。英語では、無は'no', 'nothing', 'nothingness' と訳されてきましたが、これらの英語の言葉は非常に異なる感覚を与えます。

さらに、無だけでなく空《くう》もあります。これらは二つの異なる中国語（Mandarin）であり漢字ですが、しばしば同じ意味で使われます。しかしやはりそれらには意味の違いがあります。空《くう》はインドの大乗仏教に由来します。虚空void、空《から》であることemptinessであり、シューニャター（Sunyata, 空《くう》の意。）と同じ意味です。一方、無は道教Taoism/Daoismにおける中国語のWu／無に由来し、もともとは否定Notを意味します（Zhihuya Y, 2010）。

中国語（Mandarin）では、Wuに相当する二つの文字があります。無為Wu-weiにおけるような否定（notあるいはno）の意味だけでなく、空っぽの空《そら》empty skyの意味もあり、そこから私たちに、宇宙のメタファーがもたらされます。このことはあとから、無意識についてお話しする際に論じようと思います。

無は、中国の禅師（一〇世紀）である趙州《じょうしゅう》（趙州従諗《じょうしゅうじゅうしん》）Zhao Zhou Congshenの公案からのものが、最もよく知られています。犬に仏性はあるか？　と尋ねられて、彼は「無」と答えます。

この「無」はNothingnessですが、何かあるものsomethingの反対物なのではありません。この「無」は同時に、満ち足りていることfullnessなのです。道（タオ／Dao）やいのちに近いものです。それは、悟りawakeningとともに現れるか、あるいは逆に、この体験が起きるときに悟りが開かれます。同じものが突然、異なる風に輝かしく現れるのですが、それでもなおそれらは同じものなのです。

西谷はドストエフスキーの『死の家の記録』の描写に言及します。

時々、じっと長いこと眺めていると、やがて遂に貧しいくすぶった物乞い小屋らしきものが見分けられる。立ち昇る青い煙、羊を相手に何か忙しそうにやっているキルギス女などが見えてくる……それらはすべてみすぼらしく野蛮めいているけれども、その代わり自由である。鳥はさっと水面を掠めたかと思うと、忽ち空の紺青の中に消えてしまう。と、またもや僅かにそれと見分けられる小さな点となって姿を現し、ちらりと見え隠れする。早春の頃、岸の岩の裂け目にふと姿を現した貧しい惨めな一輪の花でさえ、私の注意を惹き、涙を誘うのだった。」

西谷は続けます。

「ドストエフスキー自身が語っているように、これが、『神の世界、即ち一つの純粋な輝いている地平、自由で荒涼とした草原』を彼が見た唯一の地点であった。広大な人気のない空間に視線を送っているとき、彼は『惨めな自分』を忘れることができているのだと気づいた。」

（西谷啓治『宗教とはなにか』(p.12) Religion and Nothingness（1982, p.8）より、一部修正）

ドストエフスキーのこの体験は、マイスター・エックハルトの次の表現とまったく同じです。「神の光のなかで、棒は天使になる。」

これは言語や言語性思考の領域を完全に超越しており、無は無のなかに、明瞭に表されています――言葉は存在論的意味を持っていません（Izutsu, 1982）。

次の逸話はドストエフスキーの話と同じ流れのものであり、言語性思考を表現する言葉の役立たなさと、それとは対照的な無の詩的な表現とを、鋭く例証しています。

ある僧が、師である風穴《ふけつ》Feng Hsueh（896-973）にこう言った、「言葉を発することは、（現実Realityの）超越を台無しにします。一方、沈黙はその顕現を台無しにします。現実を台無しにせずに、どのようにして私たちは話すことと沈黙とを組み合わせることができるというのでしょうか」。

師は答えた、「私は常に、かつて見た江南での春の風景を思い起こす。そこでは、満開の香しい花の間で、鷓鴣《しゃこ》が鳴いていた」。

(Izutsu, 1982, p.111)

三　心の三領域モデルにおける無

今述べた「無」は、もちろん第三領域です。ですが、無あるいは否定Notは、私がお話しした三つの領域において、見ることができます。

論理的な第一領域において

無は否定notを表します。何かが白であるなら、それは黒ではありません。けれどもこの理性の領域においてさえ、無はNothingness【訳注：単なる否定ではない無】を意味することがあります。たとえばカントは、理性そのものは有限であって私たちは現実を知らないwe do NOT know realityと考えるようになり、「物自体Ding an sich」を仮定したのでした。それはヌーメノンnoumenonであり、私たちの限られた感覚ではその反映物しか見ることはできません。こうした反映物あるいは現象phenomenaは、私たちの「空《から》の思考」によって内側から生み出されます。

もう一つの例はヘーゲルで、彼は理性によって「存在は無である」との言明に辿り着きました。

純粋無はまったくの無なのだが、それはあまりにも純粋に直接に無であるので、論理上、純粋無は空っぽで直接の存在へと消滅する。純粋存在が論理上、無へと消滅するように、それゆえ、純粋無は同じく、論理上、存在へと戻り、消滅するのである。

（Houlgate における引用，1998, p.264）

自動的な心的機能（もの想い）の第二領域において

この「～でない not」は、記憶と欲望を背負わされています。自殺したイルカのピーターにとって、調教師ロヴァットが存在しないことNot being presentを、考えてみてください。

いわゆる前期ビオンは、「考えること」に関する自身の精神分析理論の中で、存在しないことに持ちこたえるということを、表象そして「考えることあるいはメンタライズすること」の起源と捉えました。ない－もの No-thing に対する思考です。

いわゆる後期ビオンはさらに一歩進んで、この考える／表象するという活動は、「物自体」／ヌーメノン／本質に接触する妨げになるのだと示唆しました。彼にとって「物自体」は、カントにとってのような仮定上のカテゴリーではなく、心の外に存在し、直観によって接触することのできる、セッションの未知なる現実でした。思考はこの接触を妨げるのであり、ビオン（1970）によれば、思考は嘘なのです。

私たちはここに、何らかの仏教思想がビオンに与えた影響を見ることになるでしょう。仏教思想においてもまた、言語性思考は目隠し／覆いと見なされます。ビオンは仏教思想を知っていました。彼はインドに生まれ、バガヴァド・ギーター――初期の仏教と幾分類似しています――を読んでいました。また彼は、たとえばアラン・ワッツの禅の入門書に書き込みをしてもいました（Zhang, 2019）。注意していただきたいのですが、ビオンの著作においては、たとえ彼が「なることbecoming」と書いていても、対象／客体と主体の間の違いが依然として存在しています。

幾人かの哲学者たちのアプローチもまた、第二領域に含まれます。というのもそれらは、理性の代わりに直観を方法として、未知なる現実にアプローチするからです（ショーペンハウアーやベルクソンのように。そして恐らく、彼らが二人とも仏教に影響を受けたことは、偶然ではないでしょう）。恐らくサルトル（1943/2018）もまた、その著書『存在と無』において、想像によるアプローチを強調しています。

第三領域において

無は非常に異なる味わいを持っています。私がドストエフスキーの例で述べた味わいです。それはもはや、否定ではありません。もはや、そこにないものではありません。それは存在かつ非存在being and non-beingであり、根源的な存在なのです。私たちはここで第二領域から離れます。この離脱は、身体－精神的な体験です。私自身の言葉では、「居ないところへ」行くgo 'there where you are not'と呼んでいました。

第二領域を離れることは簡単ではありません。圧倒されたり混乱したりすることによって（学習Ⅲのことを考えてみてください）、あるいは長期に及ぶ実践によって、それは突然起きるのかもしれません。それは空《くう》――空っぽであること――を必要とします。エックハルトのような神秘家は、孤立やゲラッセンハイト（放下《ほうげ》／手放すこと）について語ります。ビオンは「記憶なく、欲望なく、理解なく、感覚なく」について語ります。ビオンが日常生活においてもこの訓練を行うのだと宣言していることは、特別なことです――禅が宣言していることのようです。それは、十字架の聖ヨハネの暗夜であり、禅における大いなる疑いであり、自我あるいは第二領域の死であり、菩提達磨の壁観《へきかん》であり、臨済の苦味薬です。

これは第二領域の奥底に向かうことであり、インプットを控えて第二領域を飢えさせることです。スーフィは、穴のない頭という比喩を用います――味わうことなく、見ることなく、嗅ぐことなく、聞くこともないのです。

このように第二領域を離れることは、松木先生が言及されたように破局的なのかもしれません。ただ、必ずしもそうでもないのでしょう。

これがもたらすのは、無、そして反対に、表象のない新鮮な世界です。第二領域の死によって、第二領域は何度も再び生まれ変わるのです――エックハルトが述べたように。これは、ベイトソンが学習Ⅲあるいはトリトン学習と言い表したものに似ています。

彼（Bateson, 1972）は、ブレイクの言葉を用いてその体験を描写しました。

一粒の砂の中に世界を見
一本の野の花の中に天国を見る

手のひらに無限を抱き
一時間の中に永遠を抱く

あいだに「私」を置かずに世界を見ること、純粋知覚、西田の純粋経験です。道元が述べたように、水が水を見るのです（Izutsu, 1982）。

四　「無」から見たいくつかの精神分析概念の再解釈

それでは、無という観点から精神分析の主な概念をいくつか眺めていきましょう。これはやや野心的過ぎるかもしれません。私の知る限り、未だなされたことのない試みです。

無意識

「無意識について」においてフロイト（1915）は、無意識を、時間や因果関係に影響を与える圧縮や置き換えのような性質を伴う心的機能の特別な方法として記述しました。『自我とエス』では、彼はさらに無意識の様々に異なる層について述べました。実際、たいていの分析家はフロイトの無意識を力動的無意識と呼び、ほとんどの分析家にとっては、その無意識が、心の中で到達できる最も遠いところなのです。

無は、私たちに異なる視点を与えてくれます。私たちが空《くう》を空っぽの空《そら》と考え、このメタファーを宇宙にまで広げるなら、私たちは、音もなく、暗く、無重力で無限の、無／何もなさnothingnessの海に、囲まれます。西谷（1982）は、私たちを取り囲んでいる深淵に触れています――私たちのすぐ上に、下に、目の前に、あるのです。火星に向かうボイジャーは、地球を遠く離れたところから見て、青白い点、画像の中の一ピクセルとして写真に収めました。「現存在Das Daseinは無のなかに浮かんでいる」とハイデガーは言いました。青白い点、大気を持つこの素晴らしい地球――私たちの心的機能における心mind（あるいは第二領域）――は、私たちが持っているすべてですが、私たちはその中に閉じ込められており、それは錯覚なのです。

これは、菩提達磨の天才的な言い回しの中に、表現されています。

「心はもののゆえに心であり、ものは心ゆえにものである」。この心、力動的無意識が心的世界の果て／終点なのではありません――それは単に、無に浮かぶ1ピクセルに過ぎないのです。無とは、この心ではないものなのです。

いずれにせよ、この無に気づいていることは、それを体験したことがない場合でさえ、異なる態度を生み出します――宇宙の存在に気づいているなら世界が違って見えるように。第二領域と第三領域との関係を見ることは、第二領域の中にだけいることと極めて重要な違いを作り出します。西平先生が言及しておられる「二重の見」です。上田閑照（1977）もまた、こう言いました。「私たちには二つの視点、二つの機能の仕方がともに必要である」と。あるいは禅におけるように、悟りは、日々の生活の中にそれを統合しないなら、意味がありません。同時的な二つの水準が、重要なのです。

自己

精神分析において、自己は最初にハルトマンによって、自我の一機能として概念化されました。それは実際その通りです。私たちは、第一領域において、いわゆる「客観的な」自己を見定めます（Blatt, 2008)。それはラカンが、鏡の中に見える自己の分化したイメージが自己の心的な感覚とは全く一致しないがために、想像的イリュージョン imaginary illusion と呼ぶものです。

まったく、第二領域において私たちは自己の内的表象を持っており、それは情緒や体験によって色づけされて、しばしば防衛によってスプリットされ、断片化すらされます。さらに、心的機能の第二領域では、自己は常に、夢や無意識的空想におけるように世界の中心なのです。

第二領域の奥深く、未分化により近くなると、ウィニコットが論じたように私たちは自己の主観的感覚を抱きます。けれども実のところ、自己は存在しません。それは束の間の、ある種、オンライン上の表象のようなものであり、非常にたやすく妨げられてしまいます。

第三領域では、自己の表象は消滅します――自己なく、環境なく、心なく、身体のない体験が、あるのです。自己は無です。禅師一休はこう言いました。「あなたの自己を探しなさい。見つからないでしょう。それがあなたの自己なのです。」それは、自己なき自己です。臨済は「無位の真人」と語っており、根源的自己は、無なのです。この体験を持つことは第二領域の自己を変え、第二領域の自己は、その自己－中心性が弱まっていきます。ベイトソン（1972）はこう述べました。「自己性は、学習Ⅱの産物あるいはその集合体である。人が学習Ⅲを達成し、背景の背景という観点から知覚し振る舞うことを学ぶほどに、彼の自己は、ある意味重要でなくなっていくだろう。」

欲動

フロイトは、欲動が身体的なものと精神的なものの境界から生じると考えました。彼は二つの欲動を識別しました。エロスとタナトスです。エロスが生き生きとした体験である一方で、タナトスはフロイトにとってメタ心理学的な概念で、彼はそれを、自身の快／不快原則に応じない反復強迫を説明するために、主に必要としました。今日では私たちは、この反復強迫を、パターン生成の結果および心の機能に依拠するパターンとしても、説明することができるでしょう。

実際、性愛、攻撃性、愛着という三つの主要な欲動、推進力を識別することは理に適っています。それには複雑な関係があります。メラニー・クラインにとってはこれらの欲動は、常に空想／幻像 phantasm の中で——私たちが第二領域と呼ぶものの中で——表現されます。

けれども欲動は、あまりに根本的に必要であり生命や私たちの種の連続性と結びついているので、欲動が第二領域に限定されていると想像することは困難です。鈴木大拙の要諦は、「はじめに欲動ありき」でした（キリスト教では「はじめに言葉ありき」と言われていますが、しかしこれは振動、エネルギーとしても理解されます。物理学者テスラが強調した点です）。ある老婆についての有名な禅の逸話があります（婆子焼庵《ばずしょうあん》の公案）。彼女はある僧に、彼が何年にもわたって座禅修行を行えるよう場所と食べ物を提供しました。ある日、彼女はその僧のもとに若い女性を送りこみ、彼を抱きしめてキスをするよう彼女に頼みました。その後老婆はその僧に、どう感じたか？　と問いました。僧は、座禅のおかげで冷静なままでいることができたと答えました。すると老婆は、役立たずだと彼を叱りつけて、彼が滞在していた小屋を焼き払い、彼を追い払ったのでした。

ハイジック（Heisig, 2013）によれば、西田はこの問いと格闘しました。彼の出した答えは次のようなものでした。自己のない自己selfless selfという無の体験は、無限の愛への欲動を抑制するのかもしれません。これは多少神聖すぎるかもしれませんが、三つの欲動は、第二領域の表象において捉えられない場合に、ある種、無-性愛性の性愛no-sexuality sexuality、無-愛着性の愛着no-attachment attachment、無-憎悪の憎悪no-hate hateとなるのかもしれません。分化されず表象されないものは、エネルギー、気、般若prajnaになるのかもしれません。「色即是空空即是色Form is emptiness and emptiness is form（形は空《くう》であり、空《くう》は形である）」（般若心経）。欲動は大部分が表象されないままであり、奥深くにある原動力であり、それらは神秘的で畏敬の念を抱かせます。

けれども、それだけではありません。欲動はあなた自身を忘れさせます。オーガズムにおける「小さな死la petite mort（エクスタシー）」を考えてみてください。恋に落ちたり激怒したりすることによって、あなたは我を忘れるget out of your mindかもしれません。ビオン（1970）は、情熱的な愛はOに近いと述べました。欲動は、第二領域での思考を減弱させます。欲動は、ロケットが大気圏を離れるように、第二領域の重力からあなたが抜け出す力を与えてくれるかもしれません。欲動には存在論的機能がある、とラカンは述べました。

内的対象

フロイトは「喪とメランコリー」の中で、内的対象という概念の基礎を築きました。そしてこれはクラインによってさらに精緻化され、彼女は内的対象を表象として概念化しました。それらは無意識的空想もしくは第二領域の中で、欲動と欲動に対する防衛によって、色づけられスプリットされています。

第三領域では、私たちの持つ現象は、ウィニコット（1968）が述べたものに近づきます。「投影物の集まり――内的対象はそれらから創造される――を私は破壊し、そして、新鮮で生き生きとした新たな対象が現れる。私は対象を破壊する、こんにちは、対象。」

無なる第三領域において、無としての自己とともに、対象は、新たな対象として現れては再び消えます。それは、無－対象なのです。これは、ビオンが示唆したような、対象の本質あるいはヌーメノンではありません。そうではないのです。この水準においては、ヌーメノンがフェノメノン（現象）なのです。「仏陀は庭の柏の木である」という禅の言葉を思い起こさせます。仏陀は、異なる光の下に見られる柏の木なのです。西谷（1982）はこの違いを明らかにします。それは、想像することimagining、表象すること（第二領域におけるように）ではありません。それに対して彼は、「照らし出されること／うつること imaging」という言葉を用いましたが、これはある種、顕れることなのです。

これらは、無から精神分析的概念を検討することの、ほんのわずかな思索にすぎません。無を精神分析技法と結びつけるなら、その意味合いは果てなきものになります。

五　結　論

西平先生の論文と松木先生の発表から出発して心的変化を眺めてみると、松木先生が述べられた心的変化の二つのメカニズムは、次のように言い換えられるかもしれません。

- 古典的な精神分析的観点：第二領域からのパターンは、転移－逆転移状況において繰り返され、第一領域の洞察によって明らかになります。学習レベルⅠ
- 心的変化の新たな方法：繰り返される第二領域のパターンが、第三領域との接触による直観的アプローチと対峙します。学習レベルⅡ

私は変化の第三のメカニズムを付け加えます

• 第三領域と第三領域の接触、あるいは共有された第三領域内での接触：すなわち、分析家の無が患者の無と接触します。これは未分化であり、達成の言語によって生じるのでしょう（ここではこれに立ち入ることはできません）。これは破壊的であるかもしれず、あるいは驚きであったり沈黙であったりするかもしれず、レベルⅢの変化をもたらしえます。

患者における深い心的変化を喚起するために、セッションにおいて分析家が第三領域の心的機能の水準にいる必要があるのか？　という問いは残ります。すなわち、患者におけるOにおける変形、第三領域、学習レベルⅢの変化を促進するためには、分析家は第三領域において機能できなければならないのでしょうか？　つまり、悟っていなくてはならないのでしょうか？

答えは、もちろんそれは助けとなるだろうけれども必要ではない、です。

分析家の沈黙、また別の原始的な水準で耳を傾けること、答えないというような馴染みのない型破りのコミュニケーション、その瞬間に語られている話題が何であれ一定時間にセッションを終えること、深い非言語的接触は、予期せぬ深い変化をもたらすでしょう――分析家がそれらに対して開かれていて、第一領域の介入によってそれらを閉じてしまわない限り。無に気づき、それに開かれていることが、助けとなるでしょう。

文　献

Bateson, G.（ 1972）: Steps to an ecology of mind. Chicago: University of Chicago Press.

Bion, W.R.（1965）: Transformations. London: Karnac（1984）

Bion, W.R.（1970）: Attention and Interpretation. London: Karnac（1986）

Dallmayr, F.（1992）: Nothingness and Śūnyatā: A Comparison of Heidegger and Nishitani. Philosophy East and West, 42,1: 37-48.

Elliott, T.S.（1922/1961）: The Waste Land.

Freud, S.（1915）: The Unconscious. The Standard Edition of the Complete Psychological Works of Sigmund Freud, Volume XIV）

Freud, S.（1923）: The ego and the id. The standard edition of the complete psychological works of Sigmund Freud, Volume XVIIII.

Heisig, J.W.（2013）: Nothingness and Desire: An East-West Philosophical Antiphony Honolulu: University of Hawaii Press.

Houlgate, S.（1998）: The Opening of Hegel' s Logic. From Being to Infinity. Lafayette: Purdue University Press.

Izutsu, T.（1982）: Toward a philosophy of Zen Buddhism. Boulder: Prajna Press.

Klein, M.（1946）: Notes on Some Schizoid Mechanisms. Int. J. Psycho-Anal., 27: 99-110.

Nishihira, T.（2013）：Subjectivity of ‐ Mu-shin‐ （No-mind-ness）：Zen philosophy as interpreted by Toshihiko Izutsu. Record of Clinical-Philosophical Pedagogy, 12: 49-56.

Nishihira, T.（2017）: Bewusstsein ohne Bewusstsein （Mushin）: Die Zen-philosophie aus erziehungswissenschaftlicher Sicht. Pedagogische Rundschau, 71, S, 33-50.

Nishihira, T. & Matsuki, K.（2017）：“Mu-shin no Taiwa”（Dialogue of Mind-No Mind）, Osaka: Sogensha.

Nishihira,T. & Rappleye, J.（2021）：Unlearning as（Japanese）learning, Educational Philosophy and Theory, DOI: 10.1080/00131857.2021.1906644

To link to this article: https://doi.org/10.1080/00131857.2021.1906644

Nishitani . 1999. “Emptiness and Sameness.” Trans. by Michele Marra. In: Michele Marra. Modern Japanese Aesthetics: A Reader. Honolulu: University of Hawai‐ i Press, 179- 217.

Nishitani, K.（1982）. Religion and Nothingness. Berkeley and Los Angeles: University of California Press.

Sartre, J.P.（1943/2018）：Being and Nothingness, New York: Routledge.

Schizuteru, U.（1977）：« Nothingness » in Meister Eckhart and Zen Buddhism with the particular reference to the Borderlands of Philosophy and Theology in Papenfuss D. and Söring J. ,ed. Transzendenz und Immanenz : Philosophie und Theologie in der veränderten Welt. Berlin: Kohlhammer.

Seino, Y.（2023）: Surrendering to no understanding. In the panel session “Psychoanalytic approach to psychotic states of mind in the Asia-Pacific region” at the IPA Asia Pacific Conference. Delhi 4-6 January（2023）

Tanahashi, K.（1985）：Moon in a Dewdrop. Writings of Master Dogen. New York : North Point Press.

Vermote, R.（2014）：Free Association, meeting the patient halfway. Keynote lecture at the UCL Psychoanalysis Conference. London 11-15 December 2014.

Vermote, R.（2019）: Reading Bion: a Chronological Exploration of Bions Writings. In D. Birksted-Breen（ed.）: The New Library of Psychoanalysis Teaching Series. London: Routledge.

Vermote, R.（2020）: Psychic functioning outside of mental representations. Implications for psychoanalysis, The Journal of the Japan Psychoanalytic Society, 20,2: 3-16.

Visser, M.（2003）: Gregory Bateson on deutero-learning and double bind: a brief conceptual history. Journal of History of the Behavioral Sciences, 39（3）: 269–278.

Published online in Wiley InterScience（www.interscience.wiley.com）. DOI: 10.1002/jhbs.10112 2003 Wiley Periodicals, Inc.

Winnicott, D.（1969）: The use of an object and relating through identifications. In: D.W. Winnicott Playing and Reality.（pp. 101-111）, New York: Basic Books, 1971.

Zhang, Y.（2019）: Wilfred Bion’s annotations on The Way of Zen : an investigation into his practical encounters with buddhist ideas. Psychoanalysis and History, 21,3: 331-355.

Zhihua, Y.（2010）: Typology of Nothing: Heidegger, Daoism and Buddhism Comparative Philosophy Volume 1, No. 1.（2010）: 78-89 Open Access/ISSN 2151-6014.

第4章　ビオンの「O」と禅の「無」

西平　直

松木先生とヴェルモート先生は、精神分析の治療家です。しかもその養成プログラムに責任を持っておられます。そして二人ともビオンの思想から影響を受け、ビオン研究を国際的に牽引しておられます。さらに東洋の思想に関心をお持ちです。お二人とも、「無心」や「無」に関心を持ち、京都学派の思想にも関心を持っておられます。

ところが、お二人の話をうかがっていると、微妙に光の当て方が違うのです。話の構図は似ているのですが、重点の置き方が違います。しかし、もし、そうした重点の違うお二人の話を「つなぐ」ことができたら、精神分析と無心に関する貴重な全体像を見ることができるのではないか。そうした予感のもとに、私は、お二人の理論地平を重ね合わせる任務を買って出ました。

一　三層構造

数年前、ヴェルモート先生とお話した時に、先生が、三層構造の理論モデルを考えておられることを知りました。

この図は、先生の話をもとに私が作成したものですが、ヴェルモート先生にも確認していただきました。第一領域が言葉・思考・理性の領域、第二領域が無意識的な動き（夢・空想・情念・詩）の領域、そして第三領域が「無」、言葉もイメージもない、純粋経験の領域です（詳細は本書第3章「一、心のモデル」六五―七二頁）。

ヴェルモート先生は、こうした三層構造の中に、二種類の「自由連想 free association」を想定しておられます。ひとつは「水平的 horizontal」、もうひとつは「垂直的 vertical」。

前者（水平的）は、第二領域で生じ、その領域の内側において、後者（垂直的）は、第二領域と第三領域をつなぐように、上下の方向に働く。しかし、一方向的に、第三領域から第二領域へと（下か

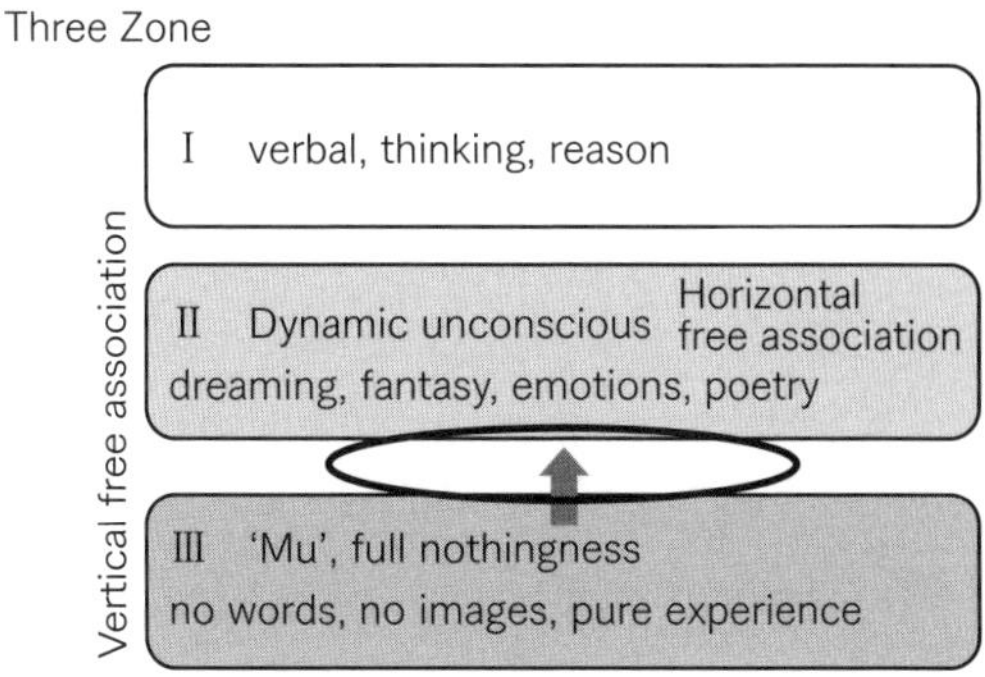

図1

ら上へ）働く。逆方向（上から下へ）働くことはない。あくまで、その機能は、一方向的に働くというのです。

しかし後に見るように、ヴェルモート先生も「上から下へ」のベクトルを、お考えになっているように思われます。ですから、この一方向的という点は、あくまで「自由連想の働き」という限定つきの話です。なお、この「垂直的」というアイデアは、松木先生に由来するのだそうです。その意味でも、この「三層構造Three zone」は、お二人の先生に共有された構図である、と理解してよいと思われます。

松木先生の立脚点は、第二領域です。分析治療の実践は、第二領域に身を置き、そこに生じる分析家の「直観」を大切にする。そしてその「直観」を「思考」につなぎ、「解釈」へと役立ててゆく方向に、松木先生の話は進んでゆきます。つまり、三層構造で言えば、第二領域から第一領域へと向かうベクトルが、松木先生の関心となります。

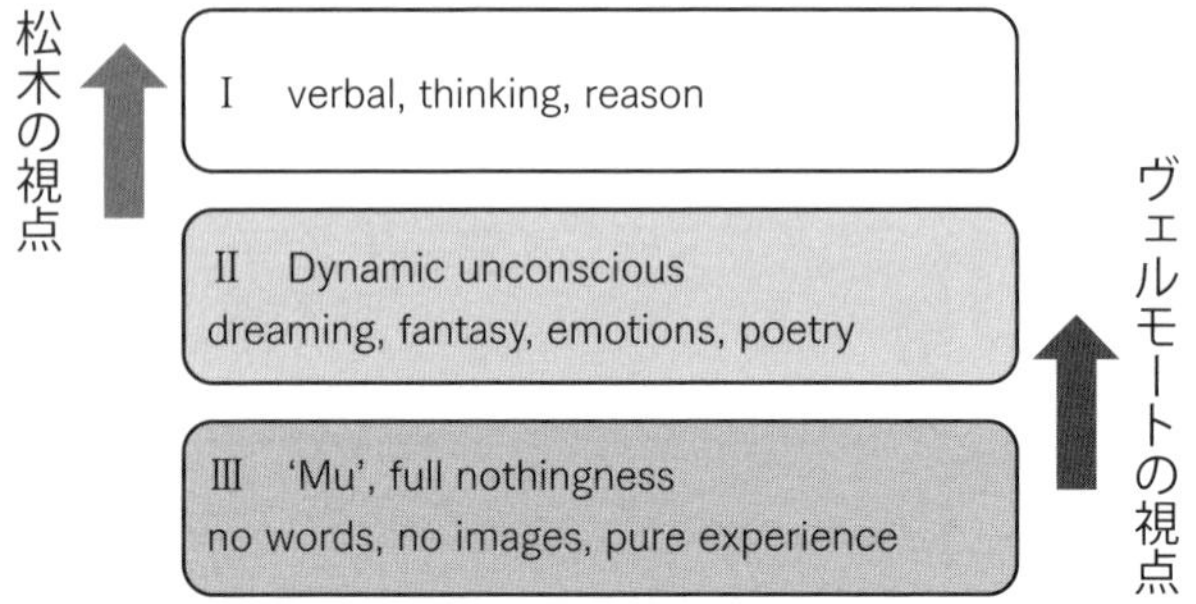

図2

それに対して、ヴェルモート先生の話は、第三領域から出発します。具体的には、禅師の言葉に依拠して、「無」の視点から、ご自身の実践を見直そうとされる。もちろん分析家として、第二領域に身を置く点は、松木先生と同じなのですが、ヴェルモート先生の場合は、それを、下から（第三領域）から見上げておられます。第二領域から下へ向かうのではありません。一度、第三領域に潜り込んだうえで、そこから（下から上を見上げるように）、第二領域を見る。禅師の言葉に身を任せ、禅師と同じ視点に立って、精神分析を理解し直そうとするわけです。

そこで、お二人の話を「つなぐ」ことができたら、三層構造をひとつながりに理解することができるはずです。「無」から「直観」を問い直すとともに、その「直観」を経由して、分析における「解釈」へとつなぐことができる。そう期待したわけです。

後に見ますが、「直観 intuition」という言葉をお二人の先生が同じ意味で使っておられることは確認されました。当然、ビオンの

「O」も共有されています。その二点を接点として、禅の「無」と精神分析治療における「解釈」をつなぐ道筋を探り当てたいと思うのです。

二　松木先生の構図

まず、松木先生の構図を見ます。先に見たとおり、松木先生の立脚点は第二領域ですが、実は、ご自身の分析治療が、その領域に納まらないことを深く意識しておられます。ですから、正確には、松木先生も、第二領域から上に向かうわけではなくて、第三領域に踏み込んでおられます。一度、第二領域より下に降りて、そこから、上に向かう（思考や解釈の第一領域へと向かう）ことになります。

その際、重要なのは、松木先生がこの第三領域を、慎重に「知らない・わからない」と語っておられる点です。しかし、「わからない」から無視するのではありません。まったく逆に、この領域こそ「直観」の源泉であることを理解したうえで、その内側は「知らない・わからない」としか言いようがないというのです。

ビオンの言葉が思い出されます。「記憶なく、欲望なく、理解なく」。つまり、ビオンも「知らない・

わからない」に留めておくというのです。松木先生は「無心」という言葉もお使いになります。そして、「無心」を、「直観を純粋に働かせるための心の態度」と理解されます。正確には、「日本で歴史的に遂行され純化された心の態度」であり、直観が働く機会であるというわけです（本書五三頁）。

つまり、「直観」と「知らない・わからない」がワンセットなのです。直観していることは疑いないのですが、その由来や正体は、わからない。わからないとしか言いようがない。松木先生は、そうした「知らない・わからない」に留まってくださるのです。

ヴェルモート先生は（後に見るように）、禅師の言葉を頼りに、「無」の側から（「あちら側」から）、こちら側を見ようとされます。それに対して、松木先生は、あくまで、「こちら側」に身を置いて、「こちら側」から見る限り「無」は「知らない・わからない」としか言いようがないと語るのです。簡単に「無」の立場（あちら側）に身を置くことはしません。あくまで、「こちら側」から見る視点に留まってくださるわけです。

「無」を切り捨てるのではありません。むしろ「無」に耳を傾け、「無」の知恵から学ぼうとされます。しかし「無」の立場に立つことはしない。あくまで、「こちら側」に留まる。「こちら側」から見る限り「無」はどのように理解されるか、その姿を冷静に語ってくださるわけです。

ちなみに、この役回りを、東洋を出自とする松木先生が担当し、逆に、西洋を出自とするヴェルモート先生が、禅師の言葉を担当するという「配置」が、個人的には、とても興味深く思われます。もしこの役回りが逆であったら、ステレオタイプな「西洋vs.東洋」図式になっていたかもしれません。つまり、お二人とも、ご自身の内側で、それぞれの文化的伝統との「対決・葛藤」を経たうえで、相手の話を聞いていることになります。ということは、自らの内なる「半面（反面）」を聞くという意味で、相手の立場に共感しながら、互いの違いを確認し、共通の構図を深めておられるように思うのです。

三　破　局

さて、松木先生は、治療関係の中で第二領域から離れることは「破局の恐れがある」と語ります。患者の心に大きな亀裂が生じる危険がある。正確には、患者に「選択を迫る」と言います。第二領域から離れた分析家からの働きかけは、患者の心に亀裂が生じてしまうほど大きな負担になる。それを危惧されます。この点は、分析家としての松木先生の基本線の一つではないかと思われます。

分析家としての松木先生は、単に患者に寄り添うわけではありません。患者に選択を迫る場合がある。何の選択を迫るのかといえば、「新しい水準の思考を受け取るか、拒絶するか」。分析プロセスの中で生じた新しい局面に相応しい「新しい水準の思考」を受け取るのか、それとも、今まで通り、馴染んできた「水準」に留まるのか。その選択を迫るというのです。

そしてそれを「破局の恐れがある」と捉えます。患者にとってだけではなく、転移関係を共に生きる分析家にとっても、破局となる恐れがあります。しかしどうやら松木先生は、その「破局」を共に生きてゆくことが分析プロセスであると理解しておられるようです。分析家もどこに向かうのかわからない。どうなってしまうのか、見通すことができない。その状況に持ちこたえることができるかどうか。それが重要な分岐点になる。おそらく分析家の養成に関わっておられる先生だからこそ、この点を強調して語っておられるのではないかと思います。

しかしここで、用語の微妙な違いに注意する必要があります。すべての破局が「破綻・解体」に至るとは限らないのです。むしろ、破局を通して「突破」に進んでゆく場合もある。「新しい水準の思考を受け取る」機会になることもあると言います。

ということは、「破局 catastrophe」という用語は、いわばニュートラルな出来事であって、そこから「破綻 breakdown・解体 disorganization」に至る危険もあれば、「突破 break through」へと進みゆく可能性もある。

そこで私は、この「破局」と「Oの出現」の関連が気になりました。「Oの出現」とは、「突破」に進んだ場面を言うのか、それとも、まだどちらに展開するかわからない「破局」の出来事も「Oの出現」というのか。言い換えれば、「Oの出現」は必ずよい結果なのか、それとも、望ましくない結果（「破綻・解体」）につながる危険性も含めて理解されているのか、という問題です。

この点については、ヴェルモート先生も指摘しておられました。第二領域から離れることは、「松木先生が言うようにカタストロフィック catastrophic である」と認めたうえで、しかし「必ずしもそうとは限らない It is not necessary so」と付け加えておられました。必ず破綻や解体に至るとは限らないというわけです。

そうなると今度は、ヴェルモート先生がお使いになられた「カタストロフィック catastrophic」という言葉の意味が問題になります。それは、ニュートラルな「破局」のことなのか、それとも、望ましくない「破綻・解体」のことなのか。あるいは、もしこうした用語すべてが、ビオンに依拠するのであれば、あらためて、ビオンの用語法を確認する必要が出てきます。

しかし、もしかすると、こうした「良い結果」と「悪い結果」という二項対立的な発想自体が、相応しくないのかもしれません。実は、すべての用語が両面的（両価的）な意味を持っていて、ひとつの言葉自身の中に「反転する可能性」が秘められているのかもしれません。とすれば、そうした言葉は、それぞれの文脈の中で、初めてその場の意味が確定される（文脈依存性が強い）ということになります。
松木先生が、第三領域を「わからない」と語られるのは、おそらく、こうした言語の限界を強く自覚しておられるためです。言語は（その本性からして）区別する傾向を持ちます。ところが、分析治療のプロセスは、そうした「区別・固定」に馴染まない。区別し固定してしまうと、力動的な（あらゆる事態と関連し合いながら、その都度生じてくる、流動的な）出来事を壊してしまう。いわば、生きた姿を殺してしまう。とりわけ、第三領域に生じる出来事は、言語でとらえることは危険である。したがって、「知らない・わからない」に留めようとしておられるのだと思います。

そして、それは、松木先生によれば、ビオンが語ったことです。分析患者の真実を「知らない」に留めておく。分析家の機能は「知らないことに持ちこたえている」ことであるというのです。

この「持ちこたえる」という言葉は、松木先生のキーワードです。この言葉は「トレランス tolerance」に由来するそうで、ビオンが使っていた表現でした。「tolerance of stay unknowing 知らないことに持ちこたえる」。それがOに触れる機会になる。Oが顕れる機会になる。同時に、そのOの内容については、ビオンも松木先生も語らない。「知らない・わからない」に留めておくというわけです。

四　直観

もうひとつ重要なのが、「直観」という言葉です。「あるとき突如として患者の生の苦悩の真実を直観する」というわけです（本書四八頁）。松木先生は、分析治療における「思考や理性（第一領域）」を大切にしますが、「直観」は、その第一領域では生じません。直観は、第二領域、あるいは、もっとその下から「来る」と言います。分析家にとって、直観は、受動的に体験されるのだろうと思います。

そこで、先ほどの「破局」との関係が問題になります。松木先生は、破局の中で直観が生じてくると語るのですが、では直観は、必ず破局から生じてくるのか、それとも破局がなくても生じるのか。あるいは、何らか直観が生じやすい条件があるのか。「知らないことに持ちこたえている」と直観が生じやすくなるのか。

ヴェルモート先生の発言を加えると、さらに新たな疑問が生じます。ヴェルモート先生は、「直観によりOと触れる機会が生じるcontact with O may happen by intuition」と語っておられました（本書六九頁）。直観が条件で、その結果として「Oと触れる機会」が生じる。

当日の対話の中で確認したのですが、松木先生の「直観」とヴェルモート先生の「intuition」に違いはありません。同じ機能を指しています。とすれば、この場面における「直観」の位置づけの違いは、私たちに貴重な示唆をもたらします。

《破局の中で直観が生じる》。《直観によりOと触れる機会が生じる》。これは、直列に並ぶ関係（破局→直観→O）なのか。それとも、「破局」と「直観」とが双方向的に関係し合うのか（その場合は、「破局」＝「Oと触れる機会」と理解されます）。

一度そうした疑問を提出した上で、しかし実際には、条件と結果のつながり（因果関係）では理解できないようにも思われます。とすれば、「破局」と「直観」の間にはいかなる関係があるのか。そして、そこに「Oと触れる機会」がどう関連するのか。

松木先生は「直観」を「突然の思考化」と言い換えます（本書五一頁）。直観は思考になる。その思考は面接場面における解釈として使われる。ということは、直観を、第一領域の中で生かすことをお考えになっておられるわけです。実際の面接場面で、いかに直観を使いうるかという、極めて実際的な問題を提起しておられるわけです。そうした直観が、いかに「破局」と関連し、「O」と関連するのか。

そうした問題を、ヴェルモート先生は「O」の側から読み直そうとなさいます。ビオンが「O」とだけ呼び、その内実については「わからない」に留めた「あちら側」から、「直観」を読み直そうとするわけです。

そこで、ヴェルモート先生の構図に移ってゆくわけですが、最後にもうひとつ、松木先生の興味深い言葉について触れておきます。「精神分析への信」、あるいは、「信に基づく分析的態度」（本書一〇一一一頁）という表現です。

精神分析は科学であろうと努め、法則を追究します。しかし実際の分析プロセスにおいては、分析家は「信 faith」を持つ。「知」ではなく「信」を持つ。何に対する「信」であるかといえば、松木先生は「精神分析というストラクチュアstructure」というわけです。治療関係の枠組み（転移／逆転移と語られる展開）。そうしたある種の「構造」を信じる。ということは、分析家も、分析治療の中で、この先がどうなるかわからない。本当にこのまま進んで大丈夫なのか、そのつど、その時点においては、何の根拠もない。闇のなかを手探りするしかない。その時、分析家は「精神分析というストラクチュアstructure」に対する「信 faith」を持つというのです。

そうした真摯な姿に私は心から共鳴します。そして深い敬意を表明したいと思います。

五　ヴェルモート先生の構図

さて、ヴェルモート先生の構図に入ります。すでに何度も見たように、ヴェルモート先生は「0の側」から語ります。禅師の言説を手掛かりとして、禅師であればどう語るか、その視点を試みておられます。

松木先生が「知らない・わからない」に留まった地点を、ヴェルモート先生は越えてゆきます。図で言えば、下に降りてゆき、そこで振り返って、下から見上げる。「第三領域」の立場から「第二領域」を理解し直そうとするわけです。

もちろん、ヴェルモート先生にとっても「知らない・わからない」は重要なのですが、その先の領域を、禅に倣って「無」と呼びます。そして「無」を主語にして語ります。

しかしヴェルモート先生も慎重です。第三領域が「限りがない・限定がないinfinite」ことを強調し、「名づけようがないunnamable」と繰り返します。本当は「無」などと名をつけることはできない。もしそれを語ったら、もはや、それではない。

そしてマイスター・エックハルトの言葉を引用します（私も以前から好きな言葉でした）。「If you

can talk about God, it is not God. もしあなたが神について語るならば、それは、もはや神ではない」。本当の神は、言葉のうちに収まりません。「神」という言葉で呼んだとたん、もはや、生きた神ではないというわけです。それは、あたかも、風を捕まえるようなものです。捕まえたと思ったとたん、それは風ではない。むしろ、捕まえるという行為によって、風を消してしまう。名前を付けて、言葉の中に押し込めることによって、生きた神を消してしまう。

そこで否定神学は、神を語るために、否定形を用いました。同様に、ヴェルモート先生も（ビオンも）否定を伴う言葉を多用します。no desire, no memory, no understanding, no senses, no coherence（辻褄が合わない）。

そして、「第三領域」については、「限りがない・限定がない infinite」という言葉を使います。思い描くこともできないし、分節することもできない。区別することも、知ることもできない。形がない。それをビオンは「O」と呼ぶわけです。

しかしここも注意が必要です。「O」と「名付けた」わけではありません。ヴェルモート先生の表現で言えば、「Bion took an empty symbol to point to it.（ビオンはそれを指し示すために空の記号を張り付けた）」。名付ける場合は、対象を、その言葉の中に詰め込んでしまいます。それに対して、「O」という中身のない記号を張り付けただけである。その記号によって、何ら限定することはない（一つの

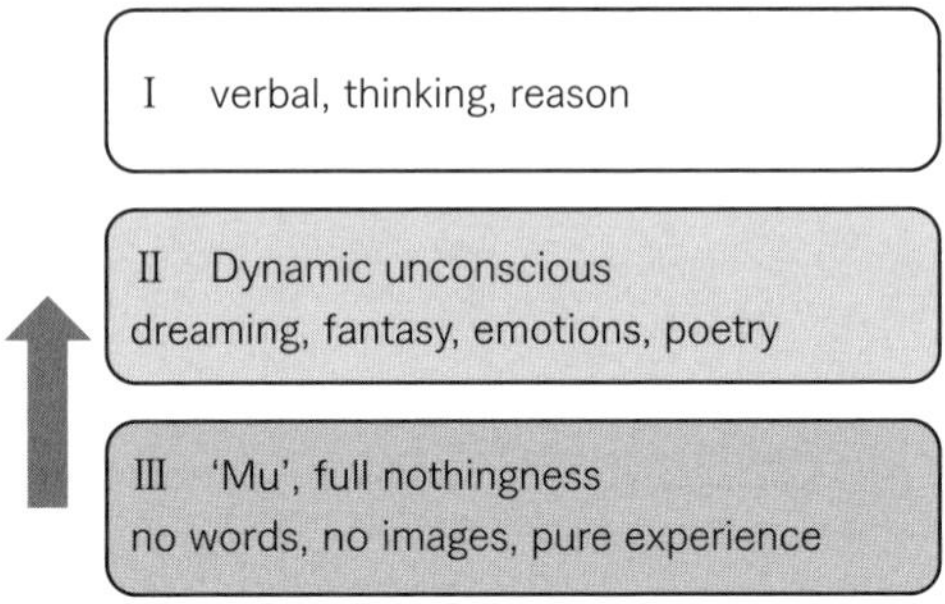

図3

まとまりを示すことはない）。しかし何らかの記号を張り付けておかないと、語ることができないから、仕方がない、中身のない（限定のない）「O」という記号を張り付けたというわけです。ですから、「O」はinfiniteです。形がなく、説明のしようがない。

ところが、本当の心の変化は、実は、そうした「O」の層において生じるというわけです。ビオンは「transformation in O（Oにおける変容）」と語ります。何が生じているのかわかりません。よい方向に進んでいるのか、危険な方向に落ちてゆくのか、誰にもわかりません。わからないまま、変容だけが生じる。本当に大切な心の変化は、そうした仕方で生じるというのです。

そうであれば、「O」それ自体の中身を探究することはできません。その代わり「O」が顕れることはあります。私たちの側から「O」に向かうことはできませんが、「O」が私たちに顕れることはある。そのことをヴェルモート先生は「一方向的」と示したわけです。

「第三領域」が「第二領域」に顕れる。逆方向はない。「第二領域」の側から、「第三領域」に向かう場合は、文字通り、「知らない・わからない」と言うしかないというのです。

さて、そうなると、分析家は待つしかないことになります。「O」が、あちら側から、顕れるのを待つしかない。実際にはそうかもしれないのですが、私はもう少し立ち止まってみたいと思いました。ヴェルモート先生も、一方向的とは言うものの、実は、「O」に向かう方向について、考えておられるのではないか。

先にも見たように、ヴェルモート先生は、「直観によりOと触れる機会が生じる contact with O may happen by intuition」と語りました。直観という機能は、「Oと触れる機会」を提供するというわけです。

さらに、ヴェルモート先生は、「in an empty state of mind 分析家が空になることによって」と語り、「diminishing the activity of the second zone 第二領域の活動を消してゆくこと」とも語っています。これは分析家の側の工夫です。

重要な箇所であるので引用しておきます。

「A third-second zone contact may be facilitated by going deep in the second zone in an empty state of mind. 第二領域の活動を消して、深く降りてゆくことによって、第三領域に触れるようになります。

It is here that prof Matsuki makes the link with Mu-shin or no-mind. In the model I present, this corresponds to diminishing the activity of the second zone. この場面で、松木先生は無心との関連を語り、私の提示したモデルで言えば、第二領域の活動を消してゆくことに対応します。」（本書七一頁）

まさに松木先生の「無心」です。第二領域の活動を消してゆき、心を無にして、その領域の底へと降りてゆく。そしてそれは、松木先生が分析家の「mental muscle 心の筋肉」の鍛錬と語ったことに対応していると思われます。

'nothingness'について

ところで、ヴェルモート先生は、禅の思想をいくつか紹介しておられます。たとえば、「無とはnothingnessである。しかしこのnothingnessはsomethingに対立するわけではない」と言います。nothingnessはsomethingと対立しない。理解を助けるために、somethingと対立する対立項をnothingと名づけてみます（私の加筆です）。図4の通り、nothingはsomethingと対立しますが、nothingnessは、その二項対立とは位相が違います。禅師が語る「無nothingness」は、「何かがあるか、ないか」という問いに答えた「ないnothing」ではなくて、そもそも「あるかないかsomething or nothing」という問いの地平とは異なった、別の地平を言い当てようとしていることになります。

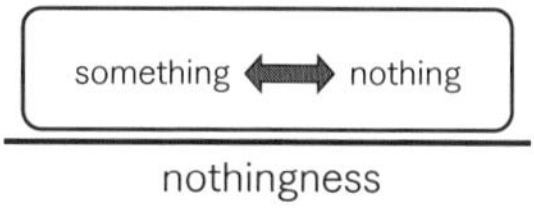

図4

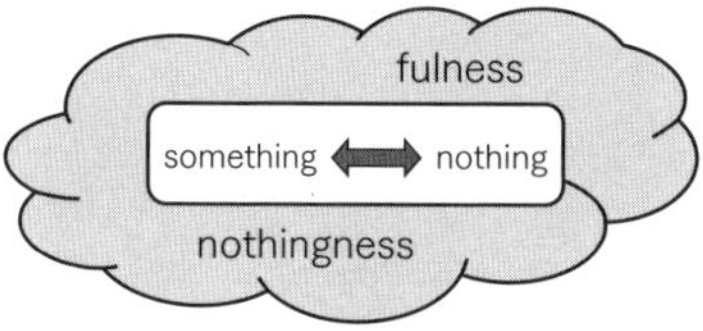

図5

そこで、ヴェルモート先生は、「このnothingnessが同時にfullnessである」と語ります。常識的に見れば、「無」が同時に「すべて」であるとは、訳がわからない話ですが、ここでは、「あるかないかsomething or nothing」の対立とは異なる地平と理解します。「無nothingness」も「すべてfullness」も、どちらも「あるかないかsomething or nothing」の対立の外側です。「あるかないか」の二項対立からはみ出ています（図5）。

ちなみに、ヴェルモート先生はこのはみ出た地平を「タオ」に近いと言います（This nothingness is at the same time a fulness, it is close to the Dao, to life）。老荘思想が説いた「道（タオ）」です。すべてのものはタオから生まれ、すべてのものは姿を変えたタオである。タオは、「あるかないかsomething or nothing」の二項対立の地平に属しません。「無nothingness」と呼ぶこともできますが、逆に「すべてfullness」と呼んでもよいことになります。

しかもヴェルモート先生は、それを「いのち」に近いと言います。このlifeは、日本語では「大いなるいのち」です。個々の生物体が持つ生命ではありません。むしろ、生きとし生けるすべてのものにつながる「いのち」です。あるいは、生命進化の根底を一貫して流れる「大いなるいのちの流れ」です。

ギリシアの思想で言えば、「ビオス」に対する「ゾーエー」ということになります。個々の生命体の持つ生命（ビオス）は終わりを持ちますが、大いなるいのちの流れ（ゾーエー）には終わりがありません。しかし「ゾーエー」はどこに在るかと問われても、指し示すことができません。「ゾーエー」は、すべての生命体が実は「ゾーエー」の形を変えた姿であるという意味では「すべて」ですが、「ゾーエー」それ自体を指し示すことができないという意味では「どこにもない」。

この事態を、ヴェルモート先生は、「nothingnessが同時にfullnessである」と語っていたことになります。

六　反転図形を使って

以前、ヴェルモート先生と話をした時に、「ルビンの壺」という反転図形を使ったことがありました。白を見れば「壺」です。黒を見れば「人の顔」が二つ見えます。普通は、そのどちらかに反転する。だから「反転図形」と呼ばれるのですが、東洋の伝統思想は、いわば、その先を求めるわけです。

まず、「両方を同時に見る」。壺も人の顔も同時に見る。どちらも消さない。両者を同時に見る。ところが、もうひとつその先に、「どちらも見るな」と言います。壺も見るな、人の顔も見るな。一度そうした形を見てしまった私たちには、どちらも見ないことは至難の業に思えます。しかし初めてこの図を見たときには、何が描かれているのか、わからなかったはずです。壺とも人の顔とも見ていなかった。いわば、子どもの無心に近い状態です。

東洋の伝統思想は「無心で見よ」というわけです。正確には、壺も見ることができ、人の顔も見ることもでき、両方を同時に見ることもできるようになった上で、あらためて、どちらも見ない。「区別する」修行を重ねたうえで、「区別しない」こともできるようにする。それを求めているわけです。

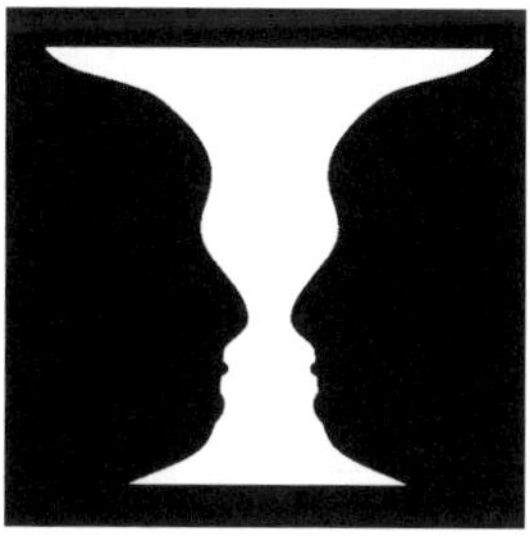

図6

そう理解してみれば、「壺か人の顔か」という二者択一の地平を真ん中にして、「両方同時に見る」と「どちらも見ない」が、共に、そこに納まらない地平となります。図5における、「すべて fullness」と「無 nothingness」に対応するわけです。

なお、実際の修行プロセスにおいては、実は、「どちらも見ない」が先に来ます。「どちらも見ない」ことができるようになった後に、「両方同時に見る」を課題とする。つまり、まず「無」に向かい、す

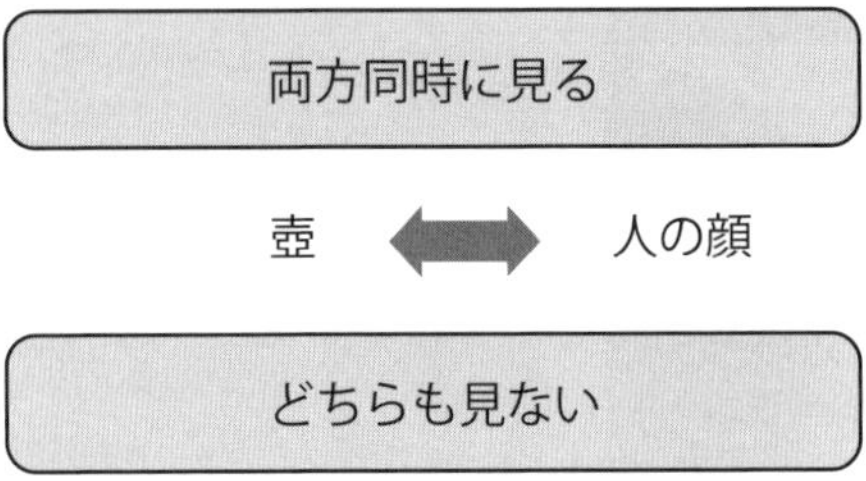

図7

べてを否定し、その後に、あらためて、すべてを肯定するという順序です。

ということは、この「すべてfullness（両方同時に）」は、実は、一度「無nothingness（どちらも見ない）」を経由した後の「すべて」であったことになります。この点は厄介なのですが、この「すべて」は、「あるものsomething」の総和ではありません。むしろ「あるものsomething」が消え、しかし「何もないnothing」でもない、「あるかないか」の二項対立の地平を離れた地平を言い当てようとしているわけです。

その地平を、ヴェルモート先生は、「nothingness は同時に a fullness である。それはタオに近く、いのちに近い」と語ったことになります。

七　公案をめぐって

では、具体的には、どういうことか。ヴェルモート先生は「風穴和尚（一〇世紀、中国の臨済僧）」に言及して下さいました。簡単に言えば、こういう話です。

「O」は言葉で語ることができません。言葉で語ると壊れてしまう。しかし何も語らないと、示すことができない。どうしたらよいか。ある弟子が、その点を、風穴和尚に尋ねました。すると風穴和尚はこう答えたというのです。「長《とこし》えに憶《おも》う、江南三月の裏《うち》、鷓鴣啼《な》く処百花香《かんば》し」。

答えになっていません（つじつまが合わないnon coherence）。質問をはぐらかされたようにも見えます。語っても駄目、語らなくても駄目、先生ならどう対応するのか、という問いに対して、揚子江の南の温かな地方、春になると鳥が鳴き、花が咲き、何と麗しいことかと答えられても、訳がわからない（まさに禅問答です）。

古来、この公案をめぐっては、様々に語られてきたわけですが、たとえば、私はこう考えます。風穴和尚は、弟子を、「あるかないかsomething or nothing」とは異なる地平に連れ出そうとした。さしあたり「浸透するひとつの流れan interpenetrate flow」とイメージしておきます。ヴェルモート先生が「ダオ（タオ）」とか「いのち」と呼んだ流れです。

しかし風穴和尚は特定の名前を付けなかった。その代わり、弟子の内に、そうしたイメージが湧きおこるように、情景を語ってみせた。鳥が鳴く、花が咲く、暖かなのどかな春の風景。その事実が重要なのではなくて、そうした風景の中に生じてくるイメージに託して、それらの根底を流れる雰囲気を伝えようとした。つまり、「あるかないかsomething or nothing」とは異なる地平に、弟子を連れ出そうとしたと思うのです。

この公案については、ヴェルモート先生が紹介されたように、哲学者・井筒俊彦に深い考察があります（本書七五–七六頁）。ひとつの決まった正解があるわけではない。言葉にしても駄目、しなくても駄目、あなたはどうするか。そのときその場の一回限りのやりとりの中で、いかに「O」が生じてくるか。真剣勝負なのだと思います。

その上で、私が不思議に感じたのは、なぜヴェルモート先生は、こうした訳のわからぬ禅の言葉に惹かれたのかという点です。もしかすると、先生は、こうした禅の言葉を目にした時に、初めて言葉を与えられたように感じたのではないか。これこそまさに自分が感じていたことである。言い当ててもらえた。今までイマージュとして漂っていたことを言語化するとしたら、こうした言葉になる。そのようにお感じになられたのではないか。

そこで、ヴェルモート先生は、禅の言葉に思いを託し、「無」を、自らの視座とした。つまり、無から見ようとする。精神分析の思想を、無の視座から（第三領域から）、読み直すことを提案されたのだと思います。

当日は、時間の関係もあり、ごく一部のみしか語られませんでしたが、まさに、精神分析に関わる方々がこれから本気で取り組むべき課題であると思います。こうした視点が、現在の精神分析学会の中で、どの程度受け入れられるものか、私には見当もつきませんが、異文化理解に近い、時間のかかる丁寧な対話が必要になるのではないかと思います。

八　公案「婆子焼庵《ばすしょうあん》」

せっかくなので、もうひとつ、ヴェルモート先生が取り上げておられた、禅の公案「婆子焼庵」を見ておきます。

老婆が若い修行僧を世話します。小屋を建て食事を与え、修行をさせてきた。そして二〇年目のある日、孫娘に命じて、この修行僧を誘惑させるのです。どういう対応をするか報告せよと命じたのです。孫娘が誘惑しました。すると修行僧は、「枯木寒巌《こぼくかんがん》に倚って、三冬暖気《さんとうだんき》なし（私は既に枯れ切っている、生温かいものを受け入れることはない）」と答え、娘さんを追い返しました。それを聞いた老婆は、激怒したというのです。そして草庵を焼き払い、「こんな俗物を長い間養っていたのか」と嘆いたというのです。

私も若い時から気になっていた公案です。いったい修行僧はどうすればよかったのか。修行を重ね欲望が枯れた。なぜそれで怒られるのか。しかも「俗物」とまで言われてしまうのか。老婆は何を期待していたのか。欲望を消すなというのか。修行僧は娘の誘惑を受け容れるべきだったのか。

ヴェルモート先生は、「a kind no sexuality sexuality 性的ではない性的なるもの」という言葉を使っておられました。sexualでもないが、non-sexualでもない。あるいは、そのどちらでもある。いずれにせよ、この公案は、「sexualであるか、ないか」の二項対立とは違う地平に、私たちを連れ出そうとしているのだと思います。

とはいえ、私は納得できずに、いろいろ考えてしまいます。この公案は、葛藤を勧めているのか。「欲望を消せばよい」などという安易な思い込みを打ち砕こうとしているのか。もしかするとこの老婆は、修行僧を追い出した後に、ニヤリとして、「あの若い僧、いよいよ本当に悩みだした、よし、次に進め、次の師匠のところに行け」とつぶやいたのではないか。老婆の庇護から出る（グレートマザーに別れを告げる）イニシエーションだったのか。

そうであれば、この修行僧は、訳もわからぬまま、ただ大声で「ありがとうございました」と言うしかないのではないか。悔しさや混乱をすべて「ありがとうございました」という言葉に詰めて、ひたすら大声で礼を言って、別れを告げるしかないのではないか。

そんなことを思いながら、私は、宙づりにされたまま、この公案を忘れることができずにいます。

九　こころの筋肉の訓練

最後に、あらためて、冒頭の問いに戻ります。お二人の先生の話をつないでよいか。お二人とも、「転移／逆転移が乱反射する関係性（第二領域）」を実践的な場としておられます。松木先生は、それを超え出る地平を強く意識しながら、しかしその中身については「わからない」に留めてくださいました。確かに、精神分析の治療実践の場面においては、（常識的な意識から見ると）訳のわからない出来事が生じる。その事実を受け入れながら、しかしそれを「わからない」に留め、「tolerance of stay unknowing 知らないことに持ちこたえること」を大切にされる。

その「わからない」を、ヴェルモート先生は、禅の言葉に倣って「無」と呼びました。あるいは、「無が顕れる」と理解されました。無が顕れると、私たちの常識的な意識には、訳がわからない。「わからない」ということは、「無が顕れる」機会である。

松木先生は、上から下をのぞき込む仕方で、ヴェルモート先生は、下から上を見上げる仕方で、同じ「場《トポス》」に焦点を当てておられる。そして、お二人とも、その「場」と向き合うことが、分析する者の訓練になると考えておられます。

松木先生の表現で言えば、「どこに向かうのかわからないが、ともかく共に生き続けていく」。ヴェルモート先生の言葉で言えば、「第二領域の働きを鎮めてゆくdiminishing the activity of the second zone」。とはいえ、それで問題が解決したわけではありません。むしろ、ようやく本格的な問いが開始されるスタート地点に立ったということです。例えば、「O」が顕れるという点について言えば、初心者にもOが顕れるのか、それとも、ある程度まで成長して初めて体験されるのか。つまり、まず学習があり、その後に脱学習が来て、その脱学習のときに初めてOが顕れるのか。様々な問いが湧き起ってきます。

最後に、お二人の先生と話をするたびに、感じることを記しておきます。

浅い目には浅い現実が映り、深い目には深い現実が映る。訓練を重ね、深い目を持つようになると、同じことを見ても、現実の深い層が見える。深い目には、深い層が映る。

それが、ビオンの語る「こころの筋肉の訓練exercise our mental muscle」ということなのかもしれません。それを、松木先生は「知らないことに留まる」と言い、あるいは、「見えていたものを見えなくする」と脱学習と重ねて理解しておられたのではないか。他方、ヴェルモート先生は、禅師の言葉を頼りに降りてゆき、「無」の視点から、精神分析の知恵を読み返す試みと語っておられたのではないか。そんなことを思います。

第5章　西平先生の討論への応答

ルディ・ヴェルモート Rudi Vermote
（翻訳：清野百合）

はじめに

西平先生にコメントをいただいたことを嬉しく思います。先生は井筒が名付けたいわゆる禅哲学の知識と精神分析を見事に結びつけおられます。ご自身は精神分析家ではないにもかかわらず、松木先生と私のそれぞれのビオニアン・アプローチの微妙な違いを先生が区別しておられるのは、驚くべきことです。この区別は実り多いものであり、この回答の中で、詳しくご説明しようと思います。さらに、先生の明晰な文章によって、私の文章の中で述べたいくつかの点を、より明確に定式化することが可能となりました。

松木先生のアプローチと西平先生のアプローチの両方をともに知ることができたのは、私にとってこの上ない機会でした。京都大学で週に一度お会いしてディスカッションしていた際、西平先生は大抵、ソクラテス的に問いを重ねておられました。先生はいくつかの文章を繊細に味わい、驚き、そしてまた問いを発する、というようでした。答えで問いを飽和することは滅多にありませんでした。今回のご発表では、間接的にではあるものの、先生の哲学的な知とご自身の洞察の一部が伝わってきます。これは比類なく素晴らしいことです。

個人的に、私は長年にわたって日本の伝統から多くを学んできました。最初は、学んだことについて話す勇気がありませんでした。なぜなら、私が理解したことは間違っており、部外者としてそれについて話すことは傲慢かもしれない、と恐れていたからです。西平先生と松木先生のおかげで、西洋の精神分析家としての洞察を私がどのように統合してきたかを語ることは、共有する価値があるのだとわかりました。私はそれを、異なる鏡から何かを映し出すことだと見なすことから始めました。このように映し出すことは、歪んでいるときでさえ、日本の文化に生まれてその一部となっているときには見えないまま通り過ぎる——魚は、自らが生涯を通じて泳ぐその水に気づくことのないように——かもしれない、本質的なものに気づくことに、役立つかもしれません。しかし、どうかお許しいただきたいのです。あなた方の文化のルーツの一部を把握しようとすることを。そのほとんどは、部外者である私には把握できないままであることは明らかです。体験というものが私の発表の焦点なのだと強調したく思います。そしてこのディスカッションにおいて、この体験を言葉や思考にしようとすることの困難さに、私たちは出会うことになるのです。

一　精神分析の訓練と分析家の態度

西平教授の討論を読むことは、患者の話に耳を傾ける際に分析家の心の中で起きているであろうこと、そして松木先生がビオンに言及して言うところの、分析家の「心の筋肉を訓練すること」がこれに関して意味することを、明確にするのに大いに役立ちます。この訓練は恣意的な行為というよりも、もっと自然に生じるプロセスであり受容的なものであろうけれども、鍛練が必要なのです。そしてこの意味で、訓練というのは優れた表現です――それは芸術を身につけることの方に、より近いのではありますが。

この点で、松木先生と私との間には焦点の相違があります。一方の態度が間違っていてもう一方が正しいというわけではありません。西平先生が仰るように、二つの分析的態度は別の水準で生じているように思われます。松木先生は知らないということ、そして不可知であるものに言及しておられます。ビオンの理論的展開はいくつかの時期に区別されます。集団の時期、認識論的時期、超越論的時期、そして「ソクラテス的」時期と私が呼ぶ時期です（Vermote, 2019）。私の見解では、ビオンの知らないという態度は、この最後のソクラテス的時期に由来します。この時期の彼は、自身の著書『注意と解釈』(Bion, 1970)――これは、彼が英国からカリフォルニアに渡る直前に書かれ、カリフォルニア滞在中に出版されました――におけるようには、Oと無限についてもはや書くことはありません。私の見るところ、彼はこの本で、超越論的な視点から、よりラディカルなソクラテス的「知らないことnot knowing」へと切り替わりました。個人的には、私はこの変化を一種の後退と見ています――まるで『注意と解釈』における自身の深淵な発見を彼は恐れているかのようです。もしかするとそれは、彼が精神分析の枠内でその発見を体験しており、哲学的思考（主にソクラテス、カント、そしていくつかの神秘主義の書物）に頼る以外に、それをさらに探究する方法を持たなかったからかもしれません。確かに、知ることとの対照としての知らないことは、「思考の第一領域」と私たちが呼んだものと、多少は——より少ないけれども——第二領域のなかにあります。だからといって、知らないという態度が簡単だというわけではありません。第二領域、すなわち自分自身のもの想いや自由連想に対してオープンになるためには、私たちは第一領域を空っぽにする必要があるのです。第二領域とは、感情、表象、思考を自ずと結びつけ、思考の連鎖を引き起こす領域です。私はこの思考の連鎖を水平の自由連想と呼んでいます（Vermote, 2014）。私が説明しようとしたのは、これは垂直の自由連想とは異なるということです。垂直の自由連想はしばしばもっと幻覚的な特徴を持ち、思考ではなくイメージやにおい、あるいは何か私たちに聞こえるものであって、それらは第三領域から現れて第二領域で形を成すのですが、どこからともなく、いわば忽然と、湧き上がってくるように感じられます。

私たちは、こうした垂直の自由連想を望めるわけではありませんが、それが生じるのを促進することはできます。第二領域における自由連想や感情と思考のつながりに対してより開かれているためには、知らないことによって第一領域から理性を枯渇させる必要がある（ソクラテス的アプローチ）ように、第三領域から第二領域へと湧き上がるコミュニケーションを促進するためには、第二領域を飢餓状態にする必要があります（超越論的アプローチ）。第三領域と第二領域の間には真の障壁が存在するため、これはさらに難しく、滅多には生じません。

この障壁がどのようにして開かれうるかについて禅が私たちに多くのことを教えてくれるのは、ここにおいてです。『注意と解釈』の超越論的時期にビオンは神秘主義の方法を取り入れ、セッション外でも分析家としてこれを練習するよう公言しました。この方法は、第一領域における知らないこととは異なり、第二領域が動き続けるための資源、燃料を取り去るのです。第二領域は、感覚印象、欲望、記憶（ビオンはこれを過去への欲望と呼びました）で動いています。欲望から、そして感覚印象や学習されたパターンから断ち切るための、いわゆる心の筋肉の訓練は、過酷な鍛錬です。西平先生のアプローチ（Nishihira and Rappleye, 2021）を用いるなら、それは深遠な脱学習です。分析家の訓練、それはしばしば五〇歳ごろなのですが、その訓練の方式は集団やインスティテュートにおける退行の時期であり、そしてそれは実のところ、第一領域そして第二領域の水準における、ある種の脱学習なのだということが、私にはますます明らかになってきました。

二　知覚

私は西平先生の「下から見上げる」という表現が好きです。「下から」は、第三領域にいながら、ということを意味しています。実のところそれは、少なくとも瞬間的には、感覚や表象を超越したもうひとつの世界にいることができるということです。その水準ではある種の直接的な知覚が可能であり、それは直観（知ることなく知る）に等しいものでありえます。しかし、第三領域における直観と第二領域における直観には違いがあります。第三領域という形なき世界における動きを感じることは、第二領域で生じる、何かを暗示するかもしれないイメージに対して開かれていることとは異なります。根は同じかもしれませんが、質が違うのです。その違いは、第三領域から接触する際の直接性にあるのかもしれません――第二領域におけるようなイメージのフィルターを通さないのです。

第三領域からの直観、形なき世界における動きを読むことは、何らかを、それが表現されるようになる前に知ることです。知ることなく知ることです。ビオンは正しくも、患者がすでに知っていることを彼に言っても意味がない、と述べました。そして、起こるかもしれないことをそれが起こる前に見抜くことによって分析家がそれを防ぐことができるのであれば、人々は苦しむはずはない、と。日本には、空気を読むという表現があります――それは、ときには緊急性を帯びているのでしょう。それは戦士やハンターが知っている緊急性であり、第一領域や第二領域の外で起こるもので、「見ることなく見ることnot seeing-seeing」なのです。

三　破局

西平先生は、松木先生が示唆するようにあらゆる変形は破局と関係するのだろうかと尋ねられました。たとえば転移や情緒的関係（第二領域）に現れる関係性のパターンにとらわれていることを第一領域で認識すること、意識するようになること、理解することは、解放されるとはいえ苦痛なことかもしれません。それは安堵となり、不安を軽減することができるかもしれませんが、必ずしもそうとは限りません。第二領域を解放すること、自由連想を緩めることは、精神分析の大きな達成です。こうした自由連想が、精神分析のアルファにしてオメガなのです。クラインが「無意識的空想phantasies」と呼んだものに関連する、考え－感じる素晴らしい世界を持つこの領域に自らを開くことができるのは、清々しいことです。多くの患者は、表象、夢のイメージ、思考、空想／幻像phantasmを常時自ずから織り成し続けることを分析的に経験するまでは、自身の内にあるこの創造的な世界に気づいていません。こうしたことを行っているこの創造的な作用agencyが、私たちの心なのです。それが、私たちを成す要素、私たちの自我なのです。フロイトがそう呼んだように、私たちの理性（第一領域）が私たちの家の主人ではないのだと気づくことはショッキングかもしれません――ですが、必ずしもそうとは限りません。この接触は、たいていの場合、人々の人生を豊かにします。私たちの内的世界の無数の可能性は、私たちがただで手にしている豊かさです。多くの場合、この世界には精神分析という設定なしにはほとんどアクセスできません。分析が終わり、分析的装置という姿見がなくなると、第二領域への感受性は再び低下し、日常生活の雑音や、実際的で理性志向の思索の支配の中に沈んでしまいます。第一領域と第二領域はある種の競争関係にありますが、第一領域の理性的なアプローチは、逆説的ですが、第二領域に対しても開かれているならば、よりよく機能するのです。効率的な人々は、しばしば高い頻度でもの想い――神経科学者がマインドワンダリングと呼ぶもの――の時間をも持っています。

第三領域に対してより開かれているために、記憶や欲望、感覚を断つことで第二領域（あるいは心、無意識的自我）の機能を低下させることは、破局的と感じられるかもしれません。それはコントロールを緩め手放すことに通じます。そしてそれは、ビオンが幻覚領域と表現したものにより近いのです。

けれども現実には第二領域は破壊されるわけでは決してなく、弱められた後に更新されて、より自由になるのです。リセットのようなものです。ここで私たちは、古代の禅師たちから多くを学ぶことができます。開かれることは緩やかに生じるのか、それとも急激に生じるのかという彼らの古代の議論が、そのことに言及しています。第三領域から第二領域への開放を促進するには、私たちはどうすればいいのでしょうか？　そこにおける言語と行為の役割は何でしょうか？　これは中国で始まった、何百年にわたる古い問いなのです。ビオンと古代の禅師たちにとって、ある一つのことは非常に明瞭でした。すなわち、この開放は理性によって生じるのではないし、第二領域のもの想いによって生じるのでもない、ということです。ビオンの言葉では、その動きは常にOからKであり、決してその逆ではありません。けれども例えば臨済宗の禅師たちは、この言語性思考やもの想い／詩を、むしろ言語性思考の機能を内側から壊すようなものとして、用いているのです。

この第二領域の破壊－開放は目的ではあるけれども、同時に、始まりに過ぎません。私たちはそこに留まることはできません。西平先生はかつて、次のような禅の言い習わしを話しておられました。悟りに安住するな、ある禅師は悟りの持つ悪臭について語りさえしていた、と。第三領域にいるという考え方もまた、ある意味錯覚であり、本質的には表象不可能な経験を何か表象可能なものにするために第二領域が作り出したものなのです。

この意味で、発表の中で私はドストエフスキーを引き合いに出した西谷による無の記述に言及しましたが、論文の中で風穴（ふけつ）から私が引用したような話は、何千とあります。ひとたびそれを経験することに心を開くなら、世界はそうした儚い瞬間に満ちているのです。

こうした瞬間は、記憶なく、欲望なく、理解なく、感覚なくという精神鍛練の結果かもしれません。しかしまた、カントが崇高という概念で記述したような出来事――自然における圧倒的な出来事のように、第一領域や第二領域では把握されえない何かと接触すること――の結果でもあるのかもしれません。カントが述べたように、これはある種の恐怖と隣り合わせかもしれず、その意味で破滅的かもしれませんが、必ずしもそうではないでしょう。多くの場合、それはただ、私の用語で言う第二領域を超越し、私がいないところに存在するように感じられるのです。芸術もまた、そうした効果を持ちえます。実際、この体験はおそらく偉大な芸術の主要な特徴のひとつでしょう。

四　Oの出現と治療的変化

西平先生は、Oの出現が常に肯定的な結果をもたらすかどうか疑問に思っておられます。私の経験では、Oの顕現は私たちが得てして考えているよりも、はるかに多いです。私はこの現象を、垂直の自由連想という新しい言い回しで表現してみました。こうした連想はしばしば、忽然とやってくるように思われる奇妙で意味をなさない感覚的現象であるため、私たちにはそれらを抑圧する傾向があります。それらには、幻覚的特徴もあるかもしれません。私は、さまざまな国のいくつものグループで、しばしば何年もかけて経験を積んできました。こうした分析家たちのグループにおいて、私たちは垂直の自由連想に焦点をあてています。方法としては、精神分析のセッションが、患者の背景や個人史、および分析の経過を知らせないまま、提示されます。グループは、思考や連想的な思考の連鎖（サロモンソンの「織りなす思考」法のようなもの）よりもむしろ、イメージ、匂い、音、嫌悪感、不安など浮かび上がってくるあらゆるものに注目します。これはなぜかというと、こうした思考の連鎖あるいは水平の自由連想には第二領域の性質があるからです。セッションの最後に、発表者は患者の個人史、問題、分析過程を明らかにします。これまでのところこうしたグループにおいて、驚くべきことに、垂直の連想と個人史、そして患者の中で起きていることの間にほとんど常に繫がりがあることがわかったのです。こうした繫がりはしばしば、発表者が自分でも気づいていなかった、患者の中にある何かに触れるのを助けましたし、あるいは垂直の連想は、分析家の大抵は意識下にある印象subconscious impressionsを裏付けるものでした。しかし、私たちはこうしたOの出現を、肯定的な結果と呼べるのでしょうか？　精神分析における本物の肯定的な結果が生じるのは、Oにおける変形が存在するときです。ビオンにとって、Kにおける変形（第二領域）とOにおける変形（第三領域）の違いは、Kにおける変形はすでに起きた体験を表象もしくは象徴することである一方、Oにおける変形は新たに変化する体験であるということです。私が経験した限りでは、こうしたOにおける変形は、第三領域で起こりうるのです——第二領域で表象されることすらないままに。その後それは、大抵は振る舞いにおける変化の中に見られます。Oにおける変形は、残存する変化を生み出します。Oにおける変形を望むことはできません。それは、ただ生じるのです。最も重要なのは、そうした体験が生じるときに、それを閉じてしまわないことです。Oにおける変形に対して開かれ、Oにおける変形が起きたときにそれを排除しないためには、分析家は、私が述べているような第三領域と接触する必要はありません。精神分析セッション、そして人間関係全般においても、OとOあるいは第三領域と第三領域の接触が常に存在している——たとえ私たちがその接触に気づいていないとしても——ことを、私たちは忘れてはなりません。私たちは、第三領域の水準では「場field」なのです。その場では何かが起こり、何かが形となり、そして再び消える可能性があります。これは私たちに、般若心経を思い出させます。「色即是空空即是色（形は空であり、空は形である）」。他者および／あるいは自分自身の何かが現れ、形を得るのですが、その形は、自分自身や他者の知覚に新たな光をもたらし、そしてまた消えていきます。それは、知覚することや体験することの新しいやり方をもたらします。それは言葉で言い表せない性質を持っています。それは夢やイメージの中で捉えられるかもしれませんが、必ずしもそうではありません。そのイメージはしばしば、私たちが感じることを描写したり、あるいは第二領域で表象したりするために、後から作られるのです。けれども第三領域では、何らかの表象、あるいはヌーメノンnoumenonに関連する現象などというものはありません。そこには言葉はないのです。言葉が第一領域を形成し、第二領域はその外側にありますが、言葉は第三領域から第二領域に出現するものを殺すこともあれば固定することもありうるのです。

それでは、第二領域に現れるOの意味、あるいはいわば垂直の自由連想の意味は――そうした連想が必ずしも肯定的な変化をもたらしていないのなら――何なのでしょうか？　私の思うところでは、それらは松木先生の述べておられる第二領域における直観に、そして西平先生がそれについて第三領域に潜り込むと描く中に反映しておられるものに、燃料を備給します。これはもちろん重要なことです――分析家の仕事は、通常第二領域で行われますので。けれども、第二領域に現れるOは必ずしもOにおける変形ではありません。Oにおける変形は、滅多に生じないのです。分析の中で一度か二度で十分だ、とビオンは言っています。

通常、それに何らかの意味が与えられうるのはただ後になってからのみなのですが、意味を与えることは重要ですらありません。

五　嘘と真実

次に、嘘と真実の問題があります。第一領域では、白か黒か、正しいか間違っているかです。第二領域では、体験や知覚は自ずから生じる過程での表象のなかに、変形されています。ビオンが考えたのは、この過程が何らかの嘘によって養われるときに妨げられるということで、彼は、嘘はこのKにおける変形や表象することにとって毒である、と言いました。一方で彼はまた、嘘はそれ自体が創造的な過程の結果であることも示しました。しかしながら、第三領域あるいはOからは、私たちは嘘のまた別のイメージを得ることができます。後期のビオンは、真実をOまでの距離として再定義しました。この観点からは、私たちはこう理解します。すなわち、あらゆる思考は嘘であり、第一領域や第二領域で作られるものはすべて、実のところ第三領域あるいはOから私たちを遠ざけているのだ、と。ビオン（1977, p 449）の言葉を借りれば、「真実とは何かとピラトは冗談交じりに尋ね、そして彼は走り去った」のです。第三領域における真実とは、轟くような笑いや禅師の一撃であり、沈黙であり、分析家の身振りであって、それらが変化をもたらすかもしれないのです。ビオンの信は最後の種類［訳註1］のものです。それは、「知らないけれど大丈夫だろう」という第一領域の信ではありません。それは、第二領域の信、すなわち、夢や愛におけるような良い対象への信でもありません。それは無と空に基づく、神秘家の信です。すなわち徹底的で全面的に委ねることですが、ビオンはこれを宗教的な意味ではなく、彼が言うように精神分析のセッションにおいて存在することと体験することの科学的な手法として、用いていいます［訳註2］。

訳注1――第三領域を指す。
訳注2――ここでヴェルモート先生は、第一領域と第二領域の信をfaith、第三領域の信をFaithと記し、小文字と大文字を使い分けている。大文字は絶対的な性質を表している。

六　Oといのち

西平先生が第三領域とOをいのち、道（タオ）――これは未分化です――と結び付けておられるそのやり方が、私は好きです。タオはいのちに近いのですが、いのちは、いまだ科学的に定義され把握されてはいません。西平先生はそれを、「ゾーエー」に喩えておられます。「ゾーエー」とは、私たちの有限である個人の生命「ビオス」に対し、無限である大いなるいのちのことです。かつて私は、精神科医で現象学者、そして京都学派の一員であられる木村敏先生を訪ねたことがあります。彼の主なメッセージはまさにその違いであり、それに関して彼は、ドイツの哲学者であるフォン・ヴァイツゼッカーに言及しました。ヴァイツゼッカーは、「小さないのちと大いなるいのちdas kleines und das grosses Leben」を区別しました。大いなるいのち、私たち一人ひとりの小さないのちはその一員となります。私たちは「有限のendlich」存在として、「無限のunendlich」大いなるいのちの中で生きるのです。この大いなるいのちとの接触は、「日常生活の雑音」、すなわち第二領域に属する私たちの欲望や苦痛や不安から成る網の目とは別物であり、この接触は開放的freeingです。詩人ケルテスは、私たちは、思考の最も深いところでは神であり、日常生活では虫のように生きる、と表現しました。それでもなお、私たちの思考のもっとの深いところでの神とは、第二領域の産物なのです。第三領域は空（から）の外的空間であり、無形で開放的です。ビオンが第二領域の神Godと第三領域の表象不可能な神性Godhead——彼はこの概念を神秘家マイスター・エックハルトから得ました——との違いに言及したのは、この意味においてなのです。

七　Oと知覚

私は、西平先生がルビンの壷のイメージを用いられたことに感謝します。実はビオンもまたそのイメージを用いたのですが、それは異なる文脈においてでした。西平先生の言い回しは、知覚を訓練し無心へと到達することをよく表しておられます。それは、第二領域の基底へと降りていくこととみなされるかもしれません。そこでは、前景を見ることと後景を見ることの違いはもはや存在しません。一風変わったことなのですが、たとえば、禅の影響を強く受けた日本の武道では、ある特別なやり方で見ることが提唱されています。注視するのではなく、より広く、しかしあまり区別せずに見るというやり方で、そうして細部を見ることなしに些細な変化に開かれているのです。これは、たとえば危険な状況や狩猟の際にも生じる知覚方法です。これは第二領域です。しかしながら第三領域では、ルビンの壺のような絵は当てはまりません。そこには表象は存在しません。それはやってきて、そこにはあなたはいません。現象（フェノメノン）がヌーメノンなのです。事物は現れては消えてゆきます。それは言葉で言い表せない流れであり、輝きであり、朝顔であり、落ち葉です。空《くう》と形の間のダイナミクスの中にある幾多のものです。第二領域におけるような表象やパターンではありません。空からやってきては消える、ろ過されないまま現れる存在です。これが、絶対的な知覚、直接的体験の結果なのです。第三領域にいると、諸領域はもはや存在せず、心的機能の方法間の人為的な違いも消え去ります。領域の区別は第一領域と第二領域によってなされます。第三領域と接触しつつ第一領域と第二領域で機能することは可能です。それは、第三領域がこれらの領域に浸透し、三つの領域がすべて消え去るようでなものです。もはや風を捉えようとするのではなく、風が吹いて空気を与え、そして時おりあらゆるものが、いわば空気となるのです。しかしながら、このシンプルで儚い現実の知覚を言葉やイメージで掴むことは不可能です。この意味で、西平先生が喚起なさる流れのイメージが、私は好きなのです。

八　欲動とO

欲動と性の問題は難しいものです。私には欲動を、それがフランスの分析では「衝動 pulsions」と呼ばれているように、見る傾向があります。つまりそれは純粋に生物学的な本能ではなく、本能と密接に結びついていると同時に、第二領域における空想 phantasies からは切り離すことができないものです。欲動は生命力／いのちの力 life force——先ほど論じたゾーエーです——と絡み合っており、そして欲動はおそらく、第二領域から孵化する際に、そこから抜け出すため、そこを超越するために、重要な役割を担うのでしょう。そしてまた、第三領域からの引きとでも呼べるものにおいても、ある役割を果たしているのでしょう。実際、欲動はしばらくの間、第二領域の機能を低下させることができます。この意味では、欲動は超越的な機能を持つのかもしれません。オーガズムは「小さな死 la petite mort」と考えられています。すなわち、第一領域と第二領域の制御を失っているのです。それはまるで、この瞬間、いのちを伝達することを目指して自然が超越を助けているかのようです。欲動は第三領域に存在しますが、第三領域では——空想／幻像 phantasm や表象には適さないので——欲動は葛藤や自我中心性から自由であり、また、分化してもいません。これもまた、ゾーエーに近いのです。

九　Oは初心者に顕れるのか？

そして最後の問い：Oは初心者に顕れるのか？　です。この問いに、私は微笑まずにおれません。思うのですが、Oは誰に対しても非常に頻繁に顕れるのですが、私たちはそれに気づいていません。この現象は、おそらく初心者にはさらに生じやすいことでしょう。初心者はしばしばよい治療成果を上げるのですが、これは彼らには抵抗が少なく、そして経験や知識の不足のために、より「知らない」という立場をとることが多いからです。しかし彼らはOとの接触に気づかないでしょうし、それを受け入れ、圧倒されることなくそれが生じるままにする手立てをあまり持っていないでしょう。Oとのこうした接触は、暗闇における火花のような断片なのです。スーパーヴィジョンで明らかなことですが、多くの候補生／学生は瞬間的にそうした深い接触を持つものの、それが私たちの仕事の本質であることを認識せず、自身が学んでいる理論が導くところに合わせようとして、どこか他のところに目を向け始めます。そしてここで私たちは、西平先生が脱学習と呼ぶもの――分析家の訓練において必要な退行――へと戻ります。それはまた、ビオンが次のように言っていたことを私たちに思い出させます。訓練分析が必要なのは、訓練分析家に同一化するためではなくOにおける変形を経験するためである――そうした変形が患者において生じるときに、私たちがそれを認識できるようになるために、と。ある候補生は、クライアントのなかにOにおける変形を目撃した後、『今、私は本当に分析家になった』と声をあげました。精神分析の本質を実感したのです。では、Oにおける変形と禅における悟りの違いは何だろう？　と思われるかもしれません。ロペス－コルヴォ（Lopez-Corvo, 2003）はビオンに関する自身の辞典の中で、Oにおける変形を悟りと同義としています。悟りとは、いわば第二領域もしくは心を離れることができるときに起きるものです。禅師が言うように、悟りは始まりにすぎません。問題はそれをどうするかです。禅師の焦点は弟子の中にこれが起こるのを促進することであり、分析家の焦点は、患者のなかに心的変化をもたらすOにおける変形を促進することです――これには悟りは必要ありません。Oにおける変形は第三領域で生じるのですが、多くの場合、第一領域と第二領域において患者に認識されることすらないでしょう。悟りとOにおける変形はいずれも、望んでできることではありません。あらゆる場所、あらゆる時代の神秘家たちが、本質的には同じ言葉を話しています。なぜならそれは、同じ体験に根差しているからです。ビオンは、Oにおける変形のようなことについて語る神秘家のうちの数名の言葉を用いました。これは時おり、多少の混乱をもたらします。なぜなら精神分析家は、Oにおける変形を認識するために、悟りを開いたり神秘家であったりすべきではないからです。患者が悟りを開くことが精神分析の目的でもありません。ただし、それに対するある種の霊的な感受性は発達するかもしれません。たとえばグロトスタインは、この能力が発達することを精神分析の主要な目標とみなし、超越的ポジションについて語りました。私はそこまでは行きません。いずれにせよいくつかの類似点があり、だからこそ後期のビオンは、彼が以前用いており彼の時代に流行していた実証科学の比喩や代数の公式よりも、神秘主義の文学における言葉の方が、分析的経験を描写するのにふさわしいと思ったのです。彼の神秘主義的な言葉は、まるで精神分析がある種の宗教的体験になるかのような印象を、同僚たちに与えるかもしれません。これは主に、第一領域そして言語性思考のアプローチから私たちが眺める場合です。知られている限りでは、Oにおける変形について書いているときには、いかなるスピリチュアルな技法も宗教も、ビオンは実践してはいませんでした。彼はただ、神秘家の言葉が、彼が発見した分析的体験を描写するのに最もふさわしいと思っただけです。しかしながら彼の洞察力は、彼の開いた道を私たちがさらに進むことを、助けてくれるのです。

文献

Bion, W.R.（1970）: Attention and Interpretation. London: Karnac（1986）.

Bion, W.R.（1977/1991）: A memoir of the Future, London: Karnac ,p. 449.

López-Corvo, R.（2003）: The Dictionary of the Work of W. R. Bion, London: Karnac.

Nishihira,T. & Rappleye, J. (2021) : Unlearning as (Japanese) learning, Educational Philosophy and Theory, https://doi.org/10.1080/00131857.2021.1906644

Vermote, R. (2014) : Free Association, meeting the patient halfway. Keynote lecture at the UCL Psychoanalysis Conference. London 11-15 December 2014.

Vermote, R. (2019) : Reading Bion: a Chronological Exploration of Bions Writings. In D. Birksted-Breen (ed.) : The New Library of Psychoanalysis Teaching Series. London: Routledge.

第6章　破局について、あるいは、はぐれた思考
西平論考「ビオンの「O」と禅の「無」」への応答

松木邦裕

問いと答え

「穏やかな緊張」。その感覚をいつも私は西平先生の書かれたものに感じています。それは始まりから最後の一文字まで維持されています。

静かな落ち着きも含まれているがゆえに「穏やかな緊張」と書きましたが、実のところ、その質を未だうまくことばにできないのです。張りつめたと表現できそうな感覚も確かに感じるのですが、「張

りつめた」、「切迫している」、「密度の濃い」と書くと、そこに静寂を感知している内なる声が、それだけではないぞと逆らうのです。西平先生の書かれたものの質に合うことばを、しばらく私は捜し求める必要があるようです。

そしてもう一つ、西平先生の書かれたものには「問い」が提示されています。それは先生自身の自問であり他者への問いでもある、開かれた問いと私は感じます。ですから、ここでの私の応答は、その問いを一旦薄く覆うだけに過ぎません。私の応答が作るその覆いはいともたやすく滑り落ちてしまい、問いは私の答えを逃れ、再び開かれて問われ続けています。それには読者の皆さんそれぞれが答を試みられることも、問いをそのまま置き続けることもできることでしょう。

それでは、私の応答に進んでみましょう。

これからは西平先生の記述をそのまま引用します。それをゴシック体で記しています。それに私の応答が続くという流れを採用します。

一　私の立脚点

松木先生の立脚点は、第二領域です。分析治療の実践は、第二領域に身を置き、そこに生じる分析家の「直観」を大切にする。そしてその「直観」を「思考」につなぎ、「解釈」へと役立ててゆく方向に、松木先生の話は進んでゆきます。つまり、三層構造で言えば、第二領域から第一領域へと向かうベクトルが、松木先生の関心となります。

その通りです。それを私自身のことばで説明いたします。

私が「もの想い」reverie、その実践としての「平等に漂う注意」（フロイトの言うgleichschwebende Aufmerksamkeit）のこころに私自身を向かわせているとき、意識的、あるいは前意識的思索機能が作動しうるこころの第一領域（有限な領域）ではなく、第二領域（有限と無限が混じり合う領域）、すなわち意識と無意識が混在する夢や、力動的な無意識が自生的に活動できる「無心」にこころを置くように私はしています（松木 2012, 2021a）。まだ臨床経験が少なかった頃には、そうしておくための意識的な努力が必要でした。けれども、今では面接室で私の椅子に座ると、そうしたこころに自然になっているようです。

そのこころは、ときとしてこころの第一領域という意識されている有限領域に浮かび上がりますが、第三領域（無限領域）——すなわちヴェルモート先生の表現では「無」、「純粋経験」とされている、フロイトのいう「原抑圧」下で意識に上がることのない無意識領域——を「直観すること」もできるように開かれているこころ、とも言えるかと思います。

実際のところ、私のこころのこうした領域間の移行、浮沈の動きは、能動的で意図的なものではなく、分析患者の面接室での在り様や連想、そして面接室の空気によって導かれていきます。

精神分析場面での治療者の役割の一つは、フロイトが「病者において抑圧されている衝動、無意識を病者の知識にもたらすこと」(Freud, S. 1919. p.159) と述べたように、無意識を意識化することですから、その実践は面接場面での解釈ということばの提示で実行されます。ですからある時点で私は、解釈を生み出し伝えるという自身の機能を作動させ、分析患者と意識水準で交流していく第一領域に向かうのです。

ちなみに、ヴェルモート先生の「垂直的自由連想」の「垂直」が私由来のものと西平先生は述べておられますが、それはヴェルモート先生のオリジナルな用語であることを附記しておきたいと思います (Vermote, R., 2020)。

二　私の構図

「直観」と「知らない・わからない」がワンセットなのです。…松木先生は、あくまで、「こちら側」に身を置いて、「こちら側」から見る限り「無」は「知らない・わからない」としか言いようがないと語るのです。簡単に「無」の立場（あちら側）に身を置くことはしません。あくまで、「こちら側」から見る視点に留まってくださるわけです。

「無」を切り捨てるのではありません。むしろ「無」に耳を傾け、「無」の知恵から学ぼうとされます。しかし「無」の立場に立つことはしない。あくまで、「こちら側」に留まる。

ここでの主題は「直観」と私は考えています。直観は意図して働かせるものではなく、自生的に出現してくるものです。それは、患者に苦痛をもたらしているこころの本体が、第一領域（有限領域）で有効に働いている私たちの五感によっては、「わからない」、「知ることができない」とき、西平先生の表現では「こちら側」から見ているとき、そのあるときに直観が自生的に作動し、その直観が示してくれているもの、「あちら側」のものに突然気づくというセレンディピティ（偶然と叡智によって未知の探していなかったものを幸運に発見すること）の体験が生まれるのだと思います（Bion, W., 1968; 竹内 2006）。

確かにそれは、「無」の立場（無限という第三領域）に身を置けないがゆえに働いているこころの機能と言えるのかもしれません。少なくとも私にとっては、無の立場に身を置くことはできないことなのです。

ただ、直観で重要なことは、すでに述べていることなのですが、それは意図して作動させられるものではないことです。無限領域に触れる直観が自生的に働くときが、ある瞬間に来る——それをビオンは at-one-ment（瞬間的な一体）と表現している（Bion, W., 1970）——のであって、おそらく、精神分析的設定と精神分析的なこころの状態が準備され維持されてきたところに、自然にあるいは唐突に現れるか、もしくは現れないかであろうと思います。

「もの想い」と「平等に漂う注意」と表現される精神分析的なこころの準備の本質とは、認識論からの演繹法的アプローチという、主に第一領域にとどまりがちな知的な追求を手放し、存在論からの、こころを第二領域に漂わせる帰納法的アプローチの態勢にあるときと、論理的には著わせるのかもしれません。ブリトンとスタイナー（Britton, R. & Steiner, J., 1994）は直観と「過剰に価値づけられた考え」overvalued idea の混同に注意を促がしましたが、この見解は、彼らがこころを第一領域にとどめた認識論からの演繹的アプローチという技法論の内で直観をとらえていたゆえに生まれた誤解であったと私は考えています。

三　破　局

松木先生は、治療関係の中で第二領域から離れることは「破局の恐れがある」と語ります。患者の心に大きな亀裂が生じる危険がある。正確には、患者に「選択を迫る」と言います。第二領域から離れた分析家からの働きかけは、患者の心に亀裂が生じてしまうほど大きな負担になる。それを危惧されます。この点は、分析家としての松木先生の基本線の一つではないかと思われます。

……中略……患者にとってだけではなく、転移関係を共に生きる分析家にとっても、破局となる恐れがあります。しかしどうやら松木先生は、その「破局」を共に生きてゆくことが分析プロセスであると理解しておられるようです。

精神分析的過程における「破局」は、私にとって重要な臨床的事態です（松木 2021b）。そして西平先生はそれを理解しておられます。

精神分析の目指すところは知的な理解、意識化できる観念や知識を増やすことではありません。それは「わかった」だけで、すなわち観念として理解したという知性化であり、有限なこころの部分、第一領域のみ広げていくことに過ぎません。

そうではなく精神分析は、その人が自身の世界観、自分観を体験的かつ本質的に変える機会を提供しようとするのです。その人が内側にすでに構成している世界観、自分観は、整合性を備えたものとしてのまとまり、「完結」し「飽和」しています。そのまとまりはこころの安定を維持するために閉鎖システムを成しています。

それらの「観」が変わるには、新しい考えや感情を入れるために、まとまりを成している閉鎖システムに「亀裂が生じ」、そこに新しい考えを容れる余地を創り出す必要、すなわちそのシステムのまとまりが開かれる必要があります。

それをビオンは、クライン用語を使って「D（抑うつポジション／安全・安心）→Ps（妄想－分裂ポジション／忍耐）」と著わし、さらには化学用語を借りて、「飽和」が「未飽和」に戻ることと表現しています（Bion, W., 1967）。

まとまりのこの亀裂／裂け目／破れ／破綻は、第三領域であるこころの無限領域からの考えを第一、第二領域へと取り込む機会を作ります。

人生においてこころのこの亀裂の過程がある期間続くことは、私たちにすでに認識されていて、それを人生の「危機」、たとえば「青年期危機」や「中年期危機」と呼んでいます。これらの本質的な変化の感覚は、「破局」――こころに亀裂／裂け目／破れ／破綻が生じ、自分が内側から壊れてしまってどうなるかわからない――の大変怖ろしい感覚や経験なのです。いわゆる解体／崩壊／壊滅と感じられる「消滅の恐怖」（松木 2021a）を感じています。

精神分析過程では、転移の進展がこの未飽和なこころの状態を導きます。

精神分析場面の二人は、意識的に作られるものではなく、二人が存在している空間に自生的に生まれる転移に導かれ、分析患者は自身にとって未知ではあるが内から切迫してくる何かに触れたり迫られたり、その何かに襲われたり動かされたりするのです。ヴェルモート先生のこころの三領域というモデルを援用するなら、実は、それは第三領域から出没しています。世界観、自分観の「亀裂／裂け目／破れ／破綻」、「未飽和」によって、領域間のつかの間の通路が開かれてきたのです。

このときその患者と治療者が相互作用しているのなら、より正確に言えば、治療者が患者からの投影や侵入を遮らず、受け容れることができ、ときには解釈を通してそれらの投影物や侵入物を害の少ないものに変形し、患者に戻すこともできているのなら、「破局」もまた、こうした相互作用が産み出しているものとして、この二者に経験されるものになるのです。

その意味で、新しい考えや感情をとり入れるか否かの選択を治療者が患者に迫る、要求する、といった質のものではありません。その場に居る二人は、精神分析過程での転移の進展の結果、選択を迫られる事態に置かれることに不可避になっていくと言えるでしょう。すなわち、両者にとって受身でも能動でもなくその事態に至るのです。

この展開の前提には、精神分析過程に発生するかもしれない破局を治療者自身が生き抜いていく心積もりが求められています。加えて治療者は、患者が破局体験を生き抜きうるかをあらかじめ慎重に検討し査定し、精神分析に導入したのならその判断を信じることも求められます。

治療者は到達できたこれらの判断と精神分析の方法に信を置き責任を抱えながら、分析場面の二人が「「破局」をともに生きていくこと」が、西平先生の御指摘のように、精神分析過程の必然的な要素であると私は考えています。

四　西平先生の問い1（番号は松木が恣意的に加えた仮のもの）

そこで私は、この「破局」と「Oの出現」の関連が気になりました。「Oの出現」とは、「突破」に進んだ場面を言うのか、それとも、まだどちらに展開するかわからない「破局」の出来事も「Oの出現」というのか。言い換えれば、「Oの出現」は必ずよい結果なのか、それとも、望ましくない結果（「破綻・解体」）につながる危険性も含めて理解されているのか、という問題です。

私の応答：「破局」のときに「O」は出現している、しかしブレイクは生じていない、とおそらく言うことができるのでしょう。ただしこの表現はいささか不正確であるとも思います。Oは、ビオンの言う「考える人のいない考え」thoughts without a thinker、あるいは「はぐれた考え」stray thoughtとして面接室の中にさまよっているのです（Bion, W., 1977/1980. p.51. p.85, 1977/1997. p.27）。

その考えが、こころのまとまり／飽和している閉鎖システムを「突破」break throughしたとき、その考えとして定着しつつあるOは絶望的に圧倒的に実感されるでしょう。その「O」の出現にこころが耐えられないとき、私たちは「破綻」break down——もはや、もうひとたびの飽和に達せない——

をきたします。それも起こりうるのです。ゆえに治療者は、その分析患者が、発生するかもしれない「未飽和」から「飽和」に行き着けるかを綿密に査定しておかねばならないのです。

しかし、もしかすると、こうした「良い結果」と「悪い結果」という二項対立的な発想自体が、相応しくないのかもしれません。実は、すべての用語が両面的（両価的）な意味を持っていて、ひとつの言葉自身の中に「反転する可能性」が秘められているのかもしれません。とすれば、そうした言葉は、それぞれの文脈の中で、初めてその場の意味が確定される（文脈依存性が強い）ということになります。

松木先生が、第三領域を「わからない」と語られるのは、おそらく、こうした言語の限界を強く自覚しておられるためです。言語は（その本性からして）区別する傾向を持ちます。ところが、分析治療のプロセスは、そうした「区別・固定」に馴染まない。

その通りに思います。患者には、自分が経験してきた精神分析の結末を「よい結果」、「悪い結果」と決める自由があります。しかし、そうしたとらえ方をしない自由もまたあります。一方、精神分析の治療者はこの二項対立的な発想に留まる必要はありませんし、おそらく留まらないでしょう。「よい」と「悪い」のスプリッティングは治療者を不幸にします。

「悪い結果」がその責任を問うていると治療者に感じられるなら、被害的な感覚に陥っている治療者は、患者に「陰性治療反応」が生じていると考えたくなり、患者の「無意識的罪悪感」、「羨望」、「ナルシシズム」、そして「(神経)発達障害の病理」ゆえであると言いたくなるかもしれません。

けれども、それがどのような結末であろうと、多くの治療者はその精神分析がなしたものとして受け容れることになるはずです。

とは言え、精神分析が臨床活動である以上、「悪い結果」の最たるものとされるだろう「精神病性破綻」もしくは「死亡」という不可逆的な事態に患者が陥らないための事前の慎重な判断は治療者によってなされていなければなりません。

五　直　観

西平先生の問い2

直観は、必ず破局から生じてくるのか、それとも破局がなくても生じるのか。あるいは、何らか直観が生じやすい条件があるのか。「知らないことに持ちこたえている」と直観が生じやすくなるのか。

私の応答：経験的なところからお伝えしますと、直観は必ずしも「破局」から生じるわけではありません。破局がなくても、「知らないこと、わからないこと」に治療者が留まり続けていることから、直観が自生的に生じることがあるでしょう。おそらく、西平先生が言われるように「知らないことに持ちこたえていること」は、直観が生まれてくるための必要条件に近いものでしょう。一方、「破局」は十分条件であるということではないと思います。

それでは「破局」は直観とは無関係かと言えば、そうとは言い切れないように私は思います。治療者にとって破局の事態は、それが治療者である私の事態であれ、患者に発生している事態であれ、心的には切羽詰まった追い詰められた激しい恐怖の体験の場にその二人はいるのです。ゆえにそのときの私は、わからないことに絶望的に圧倒され切迫しているので、私のこころの機能は意図せずとも全開しているとも言えます。

もっとも破局ゆえに焦燥や不安に圧倒され、こころの機能が著しく低下していることもあるのです。ここで、日常の十分な鍛錬によるこころの「復元力」resilienceや「ネガティヴ・ケイパビリティ」

の有無、そして「セレンディピティ」を生み出しうるだけの、精神分析的な機能を働かせた分析作業の長期に亘る積み重ねが、破局においても直観を作動させるこころの基盤を作ると思います。それは、「無心に臨むこと」ができる、日頃からの鍛錬によるこころの準備と言えるかもしれません。

西平先生の問い3

《破局の中で直観が生じる》。《直観によりOと触れる機会が生じる》。これは、直列に並ぶ関係（破局→直観→O）なのか。それとも、「破局」と「直観」とが双方向的に関係し合うのか（その場合は、「破局」＝「Oと触れる機会」と理解されます）。

一度そうした疑問を提出した上で、しかし実際には、条件と結果のつながり（因果関係）では理解できないようにも思われます。とすれば、「破局」と「直観」の間にはいかなる関係があるのか。そして、そこに「Oと触れる機会」がどう関連するのか。……そうした直観が、いかに「破局」と関連し、「O」と関連するのか。

私の応答：西平先生の前の問いは、破局と直観の関係にかかわるものでした。ここでは、それに「O」が加えられています。

前の「問い1」では、破局と「Oの出現」に触れました。O（絶対的真実・究極の現実）は、面接室の中に患者と治療者がいる限り、それは「考える人のいない考え」として常に存在しているでしょう。しかしながら、それはヌーメノンでありβ要素ですから摑みえないのです。私たちがそれを摑むには、前述しましたように、「突破」が必要なのです。その突破の機会に、必然ではないにしても、破局から「O」との「瞬間的な一体」が発生しうるのです。

ここで西平先生の問いから、付け加える必要があることがらが私に浮かびました。すでに述べていますが、直観されたものは思考化される必要があることです。この機会が精神分析場面で生まれてきている以上は、それが解釈に使われることが目指されねばなりません。直観されたものは、それがそのまま概念にはならないときでも、抽象画像や絵文字といった内的視覚像を治療者の内に形成するでしょう。すなわちそうして、第三領域のものが第二領域を経て、第一領域に浮上します。それらの内的視覚像から概念という分節化に使われうる思考を導くことも、治療者に求められる作業なのです。

西平先生の問い4　最後の問い

問題が解決したわけではありません。ようやく本格的な問いが開始されるスタート地点に立ったということです。たとえば、「O」が顕れるという点について言えば、初心者にもOが顕れるのか、それとも、ある程度まで成長して初めて体験されるのか。つまり、まず学習があり、その後に脱学習が来て、その脱学習のときに初めてOが顕れるのか。様々な問いが湧き起ってきます。

私の応答：この問いは、臨床的にとても興味深い問いであると私は感じました。「初心者にもOは顕れるのか」ですが、私の経験の答は、「はい」です。すでに述べましたように、それは面接室の中にいつもあるのですから。

しかしながらほとんどの場合、初心者にはOが顕れていることがわからないのです。けれどもそれでも初心者においても、偶然にOと瞬間的に一体になることが生じているかもしれません。「ビギナーズラック」ということばがあるように、その気づきから患者のOを摑み、それを患者と分かち合うことがあるかもしれません。

でも、その初心者はその体験にも気がつかないままかもしれませんし、気づいてもそれを変形できないかもしれません。あるいは、その体験に激しく怯え、恐怖に圧倒されて逃避してしまうかもしれません。一方、経験を積んだ治療者で学習後に脱学習をなしえた人は、一見初心者にその恐怖を感じている様子が似ているように見えるとしても、その体験において治療者として機能できるのです。

おわりに

「答えは問いを不幸にする」とは、ビオンが好んだモーリス・ブランショの箴言です（松木 2021b）。ここでの私の答は、西平先生の問いを不幸にしています。それでも、ここに答を私は記しました。なぜなら、人生でのあるときには、不幸は不可避だと私は思うからです。ただ読者の皆さんをその不幸の巻き添えにはしたくないのですが。

［内容にかかわる註］

ヴェルモートはこころの領域を、有限な領域、有限と無限が交ざりあった領域、無限の領域と3域に分けた（Vermote, R., 2020）。これはフロイトの意識と無意識の二分法を改訂し、無意識は、意識化されうる領域と、フロイトによれば原抑圧が働き意識化できない領域とに分かれるとの見解を含み込んだものである。

第一領域、すなわち有限な領域には意識、前意識と呼ばれる無意識の一部が含まれるだろう。それらは意識化されることで有限なものになる。第二の領域である「有限と無限が交ざりあった領域」こそが、私たちが、精神分析設定において患者の自由連想から触れることができるこころの領域である。私たち自身も「平等に漂う注意」という心的態勢をとることで、あるいは治療者の「もの想い」で、私たち自身のその領域、あるいは患者のその領域に触れるのである。そして、第三領域、無限領域は、精神分析的設定や精神分析的心的態度をもってしても触れることのない領域と言える。

ヴェルモートはそこに、禅でいう「無心」のこころに治療者があることで患者の無限領域に両者が触れうることを示している。私の考えは異なる。私たちが精神分析的設定と精神分析的心的態度を維持していることで、分析過程がその展開から私たちが無限領域に触れることを、自然にあるいは唐突に可能にすることがあり、そのときを待つとともに、そのときに備えた私たちを準備しておくことを技法として述べた。

文　献

Bion, W.（1967）: Negative Capability. In Mauson, C.（ED）. Three Papers of W. R. Bion. Routledge. London.
Bion, W.（1968）: Bion in Buenos Aires: Seminars, Case Presentation and Supervision. Aguayo, J. et al. Ed. Karnac Books. 松木邦裕監訳 清野百合訳（2018）『ビオン・イン・ブエノスアイレス』金剛出版、東京
Bion, W.（1970）: Attention and Interpretation. Tavistock Publications. London.
Bion, W.（1977/1980）: Bion in New Yark and Säo Paulo. Radavian Press, Reading.
Bion, W.（1977/1997）: Untitled. In Taming wild thoughts. Karnac Books. London.

Britton, R.（1998）：The analyst's intuition: selected fact or overvalued idea? In Brief and Imagination.. Routledge. London. Ch.8.
Britton, R. and Steiner, J.（1994）: Interpretation: Selected fact or Overvalued idea? International Journal of Psycho-Analysis. 75. 1069-1078.
Freud, S.（1919）：Lines of Advance in Psycho-Analytic Therapy. SE 17. Hogarth Press. London.
松木邦裕（2012）：gleichschwebende Aufmerksamkeitについての臨床的見解—精神分析の方法と関連して．精神分析研究 56; 409-417.
松木邦裕（2021a）「もの想い」『パーソナル精神分析事典』金剛出版、東京
松木邦裕（2021b）『体系講義 対象関係論』岩崎学術出版社、東京
西平直（2023）「ビオンの「O」と禅の「無」」『無心の対話（四）』京都大学楽友会館　二〇二三年一一月二日
竹内慶夫編訳（2006）『セレンディップの三人の王子たち』偕成社文庫、東京
Vermote, R.（2020）: Psychic functioning outside of mental representations—Implications for psychoanalysis. Journal of The Japan Psychoanalytic Society, Vol.2, 3-16.
Vermote, R.（2023）：A Reinterpretation of Some Psychoanalytic Concepts from Mu. 京都大学楽友会館　二〇二三年一一月二日

第7章　さまよえる思考を宿す
後期ビオンの「後期」と禅的思想の重なり

清野百合

はじめに

近年、ビオンの仕事と禅との関連性が指摘されるようになってきています。特に、後期ビオンにおける「O／究極的現実」「一致 at-one-ment」等の諸概念や「記憶なく欲望なく理解なく」という分析家の態度は、たとえビオンが禅の思想に直接言及していないとしても、明らかに類似点があることが示されています（Lopez-Corvo, 2003, 松木 2021）。

ところで、後期ビオンは、一九六五年六月英国精神分析協会の学術集会における「記憶と欲望」に関する口頭発表に始まる、と言われています（例えば本書第1章）。私自身は、同年に出版された『変形』の第10章の執筆中にビオンの思索に劇的ともいえる変化が起きており、その時点を後期ビオンへの転換点とみなして良いように思っていますが、いずれにせよ、概ね一九六五年以降が後期ビオンであるとみなされています。そして実のところ、後期ビオンは厳密にはさらに二つの時期に分かれます（清野 2018, Vermote, 2018, 2019）。「O／究極の現実」や「記憶なく欲望なく」は主に後期ビオンの前期（一九七〇年まで）で語られる内容であり、一九七〇年以降、つまり後期ビオンの後期には、彼がこれらに言及することはほとんどなくなります。

ヴェルモート先生は後期ビオンの後期を「ソクラテス的時期」と呼び、この時期のビオンは言い表せない（知りえない）ものの存在を認めつつ、表象を扱う領域、すなわち先生のモデルにおける第二領域に、再び切り替わると指摘しておられます（Vermote, 2022 日本精神分析学会教育研修セミナー「知りえない領域について」にて）。この時期のビオンは、知らない／分からないという姿勢を維持して問い続け（「ソクラテス的」と言われるゆえんです）、同時に自ら小説を執筆します。確かにこうしたあり方は、言葉を用い想像力を駆使するという表象の世界、すなわち第二領域に属しているように思われます。それでは、もはや不可知で表象されない領域に言及しないビオン、そして「O／究極の現実」という用語を用いず「記憶なく欲望なく」という態度を明確に提唱しないビオンは、禅的態度から遠ざかってしまったのでしょうか？

私は、この晩年のビオン、もはやOも「記憶なく欲望なく」も語らないビオンのあり方にも、やはり禅との関連が認められると考えています。この点について、この短い論考の中で少し掘り下げてみたいと思います。

一　二種類の「後期ビオン」

まず、ビオンの仕事について簡単に振り返りたいと思います。松木先生はビオンの仕事を前・中・後期の三つの時期に分けておられます（松木 2021）。ヴェルモート先生は、ビオンの仕事を四つの時期に分けておられ（Vermote, 2018, 2019）、ここではヴェルモート先生の分類に沿って見ていきたいと思います。第一期：集団の時期、第二期：知識本能の時期（認識論的時期）、第三期：超越論的時期、第四期：ソクラテス的時期、です。第一期はビオンが精神分析家になる前の時期であり、第二次世界大戦下での軍隊において、そして戦後タヴィストック・クリニックにおいて、集団療法に彼が携わった時期になります。第二期は、知ること／認識することをめぐる議論の時期です。ビオンはK（knowledgeの頭文字）という用語を当てますが、これは知的に知ることではなく、あくまで情緒的に知ることです。情緒体験や感覚印象がどのようにして心に保持される「思考」になるのかについて、彼は精神病者との臨床からの知見を土台にして理論を展開していきます。ビオンの思索の背景には哲学的基盤があり、たとえばこの時期のビオンは、ヒュームの「夢想」概念に依拠しています。これはいわば自動的な心の処理過程で、ビオンはここから「夢作業α」や「α機能」という概念を導いていると思われます（Vermote, 2019）。

この第二期から大きく転換するのが、先述した一九六五年の「記憶と欲望」に関する発表や『変形』（1965）の終盤に始まる第三期で、のちの第四期と併せて後期ビオンと括られます。第三期は超越論的時期と呼ばれ、プラトンやカントの超越論がビオンの理論的背景となります。具体的には、人間の感覚では認識されない、非表象的な不可知の存在を想定し、それをOと名付けます。そのO領域において患者と分析家が結びつくこと（O結合）や、無限で無形であるOが進展し、有限で有形の／表象可能な存在となったときにKの領域に入り、私たちに知られるようになるということなどを、ビオンは論じていきます。また、そうしたOからの進展を把握するために、あるいはO結合を成し遂げるために必要な分析家のあり方について、「記憶なく欲望なく理解なく」いることを提唱します。しかしビオンは次第に、こうした解説を行わなくなっていきます。続く第四期はソクラテス的時期と呼ばれ、知らないnot knowingという姿勢を貫き、世界各地で開催されたセミナーや講演で、ソクラテス流の問答を重ねていきます。この第三期と第四期は「後期ビオン」と一括りにされ、通常あまり区別されないのですが、私はかつてこの後期ビオンについて論じた際に、Oへの接近法が一九六〇年代後半と一九七〇年代後半では異なることを紹介しました（清野 2018）。その後ヴェルモート先生が後期ビオンを上述の二つの時期に分けて解説しておられることを知り、嬉しく思ったことを覚えています。

さて、この後期ビオンの二つの時期を、ここでは便宜的に「後期ビオンの前期」「後期ビオンの後期」と分け、それぞれの時期について少し詳しく見ていきたいと思います。

まず後期ビオンの前期は、一九七〇年に出版された理論書『注意と解釈』までとおおむね考えられます。Oについて、「究極の現実、絶対的真実、神性、無限なるもの、もの自体」であると彼は語るのですが、その際、プラトンやカントといった哲学者、そしてエックハルトという神秘主義者を繰り返し引用しています。大変大雑把な説明になってしまいますが、二人の哲学者はいずれも、人間の五感で認識することのできない存在領域を認めました（プラトンの「形相Form」、カントの「物自体」もしくは「ヌーメノンnoumenon」）。カントのnoumenonはphenomenonつまり現象と対比される概念であり、人間の感覚によって認識できる現象とは反対に、知りえない、認識しえない領域を指しています。そしてまた、エックハルトは中世のキリスト教神学者ですが、彼は「神God」と「神性Godhead」を区別し、後者は神の本質そのものであり、それ自体は形を持たない無限の存在としています。ちなみに鈴木大拙は、著書『神秘主義』の第一章をエックハルトの解説に充てており、「何故、エックハルトかというと、彼の思想は禅や真宗の思想に限りなく近いからである」、「そこに開陳されていた思想は仏教思想にかなり接近していた。全くあまりにも近かったので、それらはほぼ決定的に仏教的思索に由来するものと太鼓判を押して然るべきもののように感じられた」と述べています（ただしこの本はもともと英語で出版され、のちに邦訳されていますので、彼は英語で記したのですが）。いずれにせよ、こうしたプラトン、カント、エックハルトらの思想を背景に、ビオンはOという概念を提唱し、Oの表象はK（knowledge：知識／知ること、カントのphenomenonやエックハルトの「神God」に相当）の領域に属するとして、両者を区別しました。

そして、ビオンによれば、根源的な心的変化が生じるのは、このOにおいて変形がなされたときです。彼はたびたびミルトンの『失楽園』からの一節を引用します。

空虚で形なき無限から勝ち取られた
暗く深い海からせり上がる世界

つまりビオンによれば、形なき無限のOの領域からある世界／形が浮かび上がり、私たちの感覚でとらえられるようになって初めて、私たちは知ること（K）ができるようになるのです。私たちが認識している諸現象の背後には広大な知りえない無限が広がっている、と言えるでしょう。そして、根源的な心的変化は、Kの領域ではなくOの領域で生じるのだ、とビオンは繰り返します。

このようなOをめぐる論述と並行して、彼は「記憶なく欲望なく」という分析家のあり方を提唱します。記憶と欲望は感覚と繋がっており、K領域に属しています。そのため記憶と欲望が作動し続ける限り、私たちがK領域から離れることは困難になります。未分化な無限の母体［注1］とも言えるOにおいて治療者自身が未分化となり、患者の幻覚と一体になること［注2］が心的変化をもたらす、そしてそのためには治療者が記憶と欲望を取り除く必要があるのだ、とビオンは伝えました。

続いて、後期ビオンの後期を眺めてみたいと思います。一九七〇年以降、ビオンは理論書を書かず、Oや「記憶なく欲望なく」という態度に関して熱心に語ることはなくなりました。代わりに彼は世界各地で講演やセミナーを行い、フィクション『未来の回想』を創作しました。この時期をヴェルモート先生が「ソクラテス的時期」と呼ぶ通り、ビオンは安易な答えを拒絶するかのような問いを投げかけ続けます。たとえばブラジリアン・レクチャー（一九七四年、リオデジャネイロ）では、次のように、半ば挑戦的に語ります。

「あれはなあに、パパ？」「雌牛だよ」「なぜあれが雌牛なの、パパ？」

さて、なぜそれは雌牛なのでしょう？　哲学者、生物学者、精神分析家、医療者の中に、この問いに対する答えを知っている人が誰かいるでしょうか？　ただ二つの問い――あれは何なのか？　なぜあれが雌牛なのか？――だけで、あなたは直ちに未知の中、なのです。未知なる世界はあなたの目の前にあります。あなたは究極の宇宙のなかにいるのです。これが、私たちの知がいかに弱々しいかということです……どれほど長く私たちが生きようとも、「あれはなあに？」「精神分析家だよ」「なぜそれが精神分析家なの？」の答えを知ることは、やはりないでしょう……理性的な用語で返答するのは不可能でしょう。それは、理性的な答え、あるいは理性的な知識の範疇の外にあるのでしょう。

そしてまた、こうした「徹底して知らない」という態度と並行して、彼は、推測的想像speculative imagination あるいは想像的推測 imaginative conjecture という言い回し、そして野生の思考 wild thoughts やさまよえる思考 stray thoughts という用語を頻繁に用いるようになり、想像や思考を自由に解き放つことを推奨します。たとえば、彼は一九七七年の講演「新しくて改良された New and Improved」で、自由に想像することを何度も勧め、鍛錬の裏打ちがあるなら、どれほど馬鹿げていたり耐え難かったりしても、気にせず想像を解き放つべきだと聴衆に語りかけます。ここでは「馬鹿げた想像」の例としてストラヴィンスキーのバレエ「ペトルーシュカ」を挙げます。興行主であるディアギレフは、主人公である人形ペトルーシュカの死で幕を閉じるという結末に納得せず、ペトルーシュカの幽霊が現れなければならないと主張し、ストラヴィンスキーは結局結末を書き換えることになるのですが、ビオンは、人形の幽霊という「何か途方もなく馬鹿げたもの」を信じるディアギレフの能力を、その想像力を、称賛します。そして分析家たちが気づくべきは分析の幽霊であり、そのためには想像力を解き放つのだ——ただし規律ある枠組み disciplinary framework も必要だが——と続けます。同様に、一九七七年のニューヨークおよび一九七八年のサンパウロでの講演においては想像することの重要性を繰り返し指摘し、「私たちは想像的推測を頼みとしなければならない」(1978) と述べますし、またパリ・セミナー (1978) では、「二五歳の男性に年齢を尋ねたら四二歳と答えた」という謎めいた話をし、さらに次々と質問を重ねて聞き手の想像力や好奇心を刺激します。

また、ビオンは「考える人のいない考えthought without a thinker」「野生の思考」「さまよえる思考」といった概念を頻繁に用います。たとえば、一九七八年四月にサンパウロで行った講演で、「考える人のいない考え」に関連する質問を受けて、彼はこう語ります。

多くの人がこうして集う際には、さまよえる思考たちが、宿るべき心を見つけようと漂っています（there are stray thoughts floating around trying to find a mind to settle in)。こうした野生の思考たちのうちの一つを、私たちはそれぞれ、摑むことができるでしょうか？――それがどのような種類あるいは分類なのかを、記憶なのか直観なのかを、特定することなく。そして、それがどれほど奇妙であるとしても、どれほど野蛮であったり友好的であったりするとしても、それに居場所を与え、そしてそれから、それがあなたの口から脱出するままにしてください。つまり、それを生み出してください。

彼の言わんとするところは、Oに由来する、いわば「思考の卵」が宿る場として個人の心を差し出す、ということのように思われます。こうしたビオンの語りの中に読み取れるのは、ビオンはもはや

Oについて解説することはないけれども、無限のOという概念は消え去ったわけではなく、むしろ彼はその存在を自明のこととして捉えているので、結果的にOという用語を用いる機会は格段に減っていったのではないか、ということです。つまり、この時期のビオンは、「想像」「思考」などの表象を扱っているようでいて、Oとの交流の重要性をも、語っているのだと言えるでしょう。

そしてまた、「後期ビオンの前期」において、Oを把握するためには、記憶と欲望を取り除く必要がある、と語っていたころと比べると、この時期の彼の発想は、随分とアクティブである印象を受けます。彼は、どれほど馬鹿げていようとも構わずどんどん想像することを促し、そして「考える人のいない考え」が心に宿ることを許して言葉にしてみるよう、促すのです。

さて、ここで、こうした二種類の後期ビオンのあり方と禅的思想との関連に、立ち戻りたいと思います。始めに触れましたように、ビオンと禅との関連性が近年指摘されていますが、その多くは、O概念やOとの一致、あるいは「記憶なく欲望なく」というあり方についてです。この点に関しては、松木先生が本書の第1章において、非常に丁寧に緻密に後期ビオンの諸概念と禅との関連を解説しておられます。またロペス－コルボは、『ビオン事典』に禅 Zen Buddhism の項を設け、「とりわけO（起源）、Oにおける変形、真実、心に基づく行為、幻覚症などのコンセプトは、瞑想を通して直の直観による悟りを目指す大乗仏教の日本の宗派である禅の諸概念を連想させる」と述べています。無限／無分節なる存在、それとの一致、そして記憶と欲望を控える――「無心になる」――ことでそれとの一致を成し遂げる、というこの「後期ビオンの前期」のあり方は、確かに禅的思想と重なり合います。

このように後期ビオンの前期の諸概念と禅との関連が指摘される一方で、それでは「後期ビオンの後期」のあり方は、禅的思想から離れていくのだろうか？との問いが新たに生まれます。ヴェルモート先生はこの時期のビオンについて、言い表せないもの／表象されないものは依然として存在しているとしつつも、「彼は再び第二の領域に切り替わるのです。それはもはや無限で超越的なものそのもの――つまり第三の領域――ではなく、解放された第二の領域すなわち心なのです」（Vermote, 2023 日本精神分析学会教育研修セミナー「知りえない領域について」における講演）と述べておられるのですが、私には、ここにも禅の視点が根底に流れているように思われます。その点を検討していくにあたり、ここで、禅の思想の道しるべとして、井筒俊彦の「二重の見」という概念に、目を向けていきたいと思います。

二　三段階モデルと二重の見

私はあまり禅に明るくないため、西平先生による解説（『無心のダイナミズム』（2014）、『井筒俊彦と二重の見』（2021））を参照させていただきました。井筒は著書『意識と本質』（1983）第七章において、禅師、青原惟信の述懐を引用しています。禅師は自身の長い修行の道のりを振り返り、これを三つの段階に分けました。

（1）分節（Ⅰ）：山は山である
（2）無分節：山は山でない
（3）分節（Ⅱ）：山はただ山である

ごく大まかな説明になりますが、第一段階は、事物がその本質を固定したままその事物として存在する状態です。それぞれの事物は相互に区別、分節されており、またそれを認識する主体も区別されています。山は山、川は川、山を見る私は私、です。そして、それぞれが固定した本質を維持しています。それに対して、第二段階になると、山を山たらしめていた「山の本質」が消えうせます。もはや山でもなく川でもなく、山を見る私自身でもない、主体も客体もない状態になります。無分節、あるいは「もっと簡単に言えば「無」なの」です（p.147）。そしてさらに第三段階になると、事物および主客の分節が再び戻ってきます。「再び「有」の世界」（同上）になるのですが、ただし分節（Ⅱ）は、分節（Ⅰ）とは決定的な違いがあります。山なら山の「固定した本質」は戻らないのです。山や川、あるいは私という存在は、分節化されてはいるけれども、本質は固定されていない、「無本質」です。本質のない分節、井筒はこれを「無「本質」的存在分節」と呼びます。そしてこの第三段階、分節していながら同時に無分節のあり方を保持しているこの状態は、「同時現成《げんじょう》」と呼ばれます。

類似した内容になりますが、第六章では次のようにも説明しています。

> 確かに禅も、経験的世界を一度は徹底的にカオス化する。一切の存在者からその「本質」を剥奪することによって、である……そうすることによってすべての意識対象を無化し、全存在世界をカオス化してしまう。しかし、そこまでで禅はとどまりはしない。世界のカオス化は禅の存在体験の前半であるにすぎない。一たんカオス化しきった世界に、禅はまた再び秩序を戻す、但し、今度は前とは違った、まったく新しい形で。さまざまな事物がもう一度返ってくる。無化された

花がまた花として蘇る。だが、また花としてといっても、花の「本質」を取り戻して、という意味ではない。あくまで無「本質」的に、である。だから、新しく秩序付けられたこの世界において、すべての事物は互いに区別されつつも、しかも「本質」的に固定されず、互いに透明である。「花」は「花」でありながら「鳥」に融入し、「鳥」は「鳥」でありながら「花」に融入する。（強調は筆者）

つまり第二段階から第三段階に至ることが重要なのであり、この第三段階で世界を経験する／認識することを、「二重の見」と井筒は呼んでいます。西平先生はこれを「区切りがある世界を見ながら、同時に、区切りがない世界を見る」（2021）と明快に言い当てておられます。先の山の例で言えば、山を山として見ると同時に、その本質を失いあらゆる事物と混然一体となった存在として見るということでしょう。そして、これはこの分節（Ⅱ）の状態をどのように（人間が）見る／認識するかということですが、これを無分節という状態、その存在の側から考えるならば、一方では無分節へと向かう動きが存在すると同時に、他方では無分節から分節へと向かう動きが起きます。このとき、誰かが（人間が）分節するのではありません。「無分節が自らを分節する」、つまり、無分節が主語なのです。「無分節が、時々刻々と、自らを或るものへと分節し、経験世界を構成してゆく」のです（西平 2021）。

井筒はくどいほどに、この第三段階の重要性を指摘し続けます。

存在の絶対無分節と経験的分節との同時現成こそ、禅の存在論の中核をなすものだ。「無」とか「無心」とかいうと、絶対無分節だけに重心がかかるけれど……絶対無分節者でありながら、しかも同時に、それが時々刻々に自己分節して、経験的世界を構成していく。その全体こそが禅の見る実在の真相だ。

（「意識と本質」p.136）

東洋思想の立場から申しますと、存在解体そのものよりも、むしろ、存在解体の後で、一体、何が起こるのか、ということのほうがもっと大事なのです。

（「事事無礙・理理無礙——存在解体のあと」p.42）

解体のあと、無／無限と一体となった「あと」のあり方の重要性を、井筒は手を変え品を変え、読者に訴えているようです。そして私はここに、後期ビオンの後期との共通点を見出すことができると思っています。

三　後期ビオンの後期と禅的思想

精神分析実践と禅の実践はもちろん異なるものであり、安易な比較には慎重になるべきでしょう。けれどもやはり、こうして後期ビオンと禅の思想とを眺めていくと、その類似性に感嘆せずにはおれません。Oという絶対的な存在、未分化な無限の母体への没入から、そのOの存在を認めつつ、それを前提としたうえで、思考や想像という表象世界へと戻っていくビオンは、井筒の語る、無分節から「本質のない分節」への変化と重なります。ここで、いくつか具体的に、両者の類似点を眺めていきたいと思います。

たとえばビオンは一九七八年のパリ・セミナーで、参加者に「あなたには何が見えるでしょう？私は、単にあなたの目で何が見えるかと尋ねているだけではありません。あなたの直観のおかげであなたに見えるものは何でしょう？」と語りかけるのですが、これは、視覚という感覚で認識できる有形／有限のものと、直観によって認識する無形／無限のものの両方を同時に認識する必要がある、との示唆であり、井筒の二重の見を思い出さずにはおれません。一九六〇年代後半のビオンは徹底して

「記憶と欲望を控える」ことを強調し提唱したのですが、この最晩年のビオン（彼は一九七九年に亡くなります）は、もはやそれにはこだわりません。目で見えるものを見、目で見えないものを直観する、同時なのだ、と。ここには晩年のビオンの余裕や心の自由さが見て取れるように思います。

そしてまた、私たちは「考える人のいない考え」に一時的に居場所を貸し出すような存在だという発想も、とても興味深いものだと思います。ここには、私たち人間は確固たる「考える主体」であるというよりも、無限の宇宙（O）から、あるとき、ある形をもって生れ出た存在であるという含み（もしくは前提）があるように私には感じられます。そしてそこに、同じ宇宙（O）から生まれた「考える人のいない考え」が一時的に宿るのです。彼が想像することを促すとき、私たちが主体的に想像するというよりも、考える人のいない考えが次々と宿ることができるようオープンでいることを促されている、とも言えるでしょう。そしてここでは、「無分節が、時々刻々と、自らを或るものへと分節し、経験世界を構成してゆく」という西平先生の言葉が思い出されます。つまり、私たちや「考える人のいない考え」は、それぞれが分離（分節）した存在だけれども、それらはもともと無分節の無限の存在に由来するのであり、そしてそれらは、誰か、あるいは何か他の主体が分けるのではなく、「無分節」自体が分節したものなのです。ただ、私はここで「花は花でありながら鳥に融入する」という井筒の言葉も思い出すのですが、「考える人のいない考え」が私たちに宿るとき、「融入する」つまり

「ある考え」でありながら「私」である、とまでビオンが考えていたかどうかはわかりません。そこまでのラディカルな発想はなかったのかもしれません。

最後に、上記の「無分節が自ずから分節する」という点について、その動的（ダイナミックな）性質と、その性質と無との関連について、触れておきたいと思います。西平先生はご著書『無心のダイナミズム』において、無心を一つのプロセス（ダイナミズム）として提示しておられます（2014）。井筒は禅の実在観を、「思想以前のなまの体験としては勿論、たといこれを思想化し哲学化した場合でも、全体構造的に著しくダイナミックなものだ」と述べています（『意識と本質』第七章）。そして、トーマス・マートンによる禅の定義について、「文句のつけようもない」のだけれども、それが静的《スタティック》であって力動的《ダイナミック》でないことに不満を漏らします。「あまりに静かすぎる。禅が禅としては生きていないのだ」と。そして、分節（Ⅰ）、無分節、分節（Ⅱ）の説明を行ったのち、彼はこう述べます。

たしかに禅の説く「無」は……絶対無分節者と呼ばれるにふさわしい。だが、この絶対無分節者は無ではあっても、静的な無ではない。それは本然の内的傾向に従って不断に自己分節していく力動的、創造的な「無」である……絶対無分節は自己分節するからこそ絶対無分節なのである。

分節に向かってダイナミックに動いていかない無分節はただの無であり、一つの死物にすぎない。「死水、竜を蔵せず」（首山省念《しゅざんしょうねん》）。それは禅の問題にする「無」ではない。禅の考えている「無」は宇宙に漲る生命の原点であり、世界現出の太源である。

これはまさに、ヴェルモート先生が語っておられた、fullness である nothingness のことであるように思います。万物の源である無が、そのエネルギーを展開させて自ら分節していく、そのダイナミックなプロセスこそが重要なのでしょう。そしてここで、私にはやはりビオンが思い出されます。後期ビオンの前期では、できるだけ心から記憶と欲望を取り去ることに力点が置かれており、そこにはO→Kのダイナミクスは存在しているには違いないのですが、静かに待つ姿勢が強調されていました。翻って後期ビオンの後期は、もはや言葉にすること（つまり分節すること）を恐れません。むしろ言葉にすることを彼は強く促します。そしてその言葉とは、「馬鹿げた」言葉で構わない、つまり固定した意味を持つ必要のない、言ってみれば本質が固定されていないものなのです。私たちが自身の考えを述べるというよりも、無分節が自ら分節した「考える人のいない考え」を私たちが宿し、そして「それがあなたの口から脱出するままに」する——言葉にする——ことが、強く促されるのです。井筒は「首山竹篦《しゅざんしっぺい》」という公案を引用しつつ、沈黙はものを分節しないので、何かを言う必要があることを指摘（「速やかに言え、速やかに言え」）していますが、ここにもまたビオンとの共通点があると、私には思われるのです。

おわりに

松木先生が指摘しておられるように、ビオンが八歳までインドで過ごしたこと、母親はアングローインディアンだったようであること、そしてインド人の乳母と多くの時間を過ごしたことは、彼の心に、無意識的にも意識的にも大きな影響を与えたに違いありません。彼が禅の本を読みこんでいたことは、自然な流れであるようにも思います。

けれどもビオンは、禅に関する書物を読んではいても、禅の実践者ではありませんでした。そのため、ビオンがいわゆる禅の修行の末に無分節や分節（Ⅱ）へと至ったかのように考えることは誤解を生じます。しかし一方で、この時期のビオンが科学よりも芸術に真実を見出し自ら小説を執筆するほどであったことを踏まえると、Kのみに基づくことに警鐘を鳴らしていた彼が、禅の知識のみに基づいて（後期ビオンの）「前期」から「後期」の思考過程を意識的に作り出したとも考えにくいように思われます。彼の中で自ずからこの変化が生じたと捉えることが自然でしょう。そしてこの点、「知識（K）からではなく自ずから」というところに、彼のこの反転の本物性 authenticity を私は感じるのです。

ビオンは一九七七年のタヴィストック・セミナーで、「やがて朽ち行く目には見えないものを、見て語る」というミルトンの言葉を引用しています。私たちが形なきものを直観し、宿し、そして言葉にして語るよう、ビオンは私たちに促し続けることでしょう。

［注釈］

注1——ビオンは第一期、集団の時期において、「プロトメンタルマトリックス」という概念を提唱しており、これは精神／メンタルが成立する以前の段階、精神と身体が未分化な状態のまま存在する母体を指すのですが、この概念はOの前身と言えるでしょう。

注2——後期ビオンにおいては、幻覚あるいは幻覚症は病理ではなく、常に存在するけれどもほかの現象が重なっているために隠されているのだ、と考えられています。

文献

Bion, W. R.（1961）: Experiences in Groups and other papers. Tavistock Publications, London. 池田数好訳（1973）『集団精神療法の基礎』岩崎学術出版社、東京

Bion, W. R.（1965）: Transformations. Reprinted 1984 Karnac Books, London. 福本修・平井正三訳（2002）「変形」『精神分析の方法Ⅱ〈セブン・サーヴァンツ〉』に収録。法政大学出版局、東京

Bion, W. R.（1967）: Notes on memory and desire. In Bion, W. R.（2013）: Los Angeles Seminars and Supervision. Aguayo, J. and Malin, B. Ed. Karnac Books, London.

Bion, W. R.（1970）: Attention and Interpretation. Reprinted 1984 Karnac Books, London. 福本修・平井正三訳（2002）「注意と解釈」『精神分析の方法Ⅱ〈セブン・サーヴァンツ〉』に収録、法政大学出版局、東京

Bion, W. R.（2014）: Brazilian Lectures. In Bion, W. R.（2014）: The Complete Works of W. R. Bion volume 7. Mawson, C. Ed. Karnac Books, London.

Bion, W. R.（1977/2014）: A Memoir of the Future. In Bion, W. R.（2014）: The Complete Works of W. R. Bion volume 12-14. Mawson, C. Ed. Karnac Books, London.

Bion, W. R.（2005/2014）: The Tavistock Seminars. In Bion, W. R.（2014）: The Complete Works of W. R. Bion volume 9. Mawson, C. Ed. Karnac Books, London 福本修訳（2014）『タヴィストック・セミナー』岩崎学術出版社、東京

Bion, W. R.（2014）: New and improved. In Bion, W. R.（2014）: The Complete Works of W. R. Bion volume 15. Mawson, C. Ed. Karnac Books, London.

Bion, W. R.（1980/ 2014）: Bion in New York and Säo Paulo. In Bion, W. R.（2014）: The Complete Works of W. R. Bion volume 8. Mawson, C. Ed. Karnac Books, London.

Bion, W. R.（2014）: A Paris seminar. In Bion, W. R.（2014）: The Complete Works of W. R. Bion volume 9. Mawson, C. Ed. Karnac Books, London.

Bion, W. R.（2018）: Bion in Buenos Aires: Seminars, Case Presentation and Supervision. Aguayo, J., Pistiner de Cortinas, L. and Regeczkey, A. Ed. Karnac Books, London. 松木邦裕監訳 清野百合訳（2021）『ビオン・イン・ブエノスアイレス1968』金剛出版、東京

井筒俊彦（1983/1991）『意識と本質——精神的東洋を求めて』岩波文庫、東京

井筒俊彦（1989/2019）「事事無礙・理理無礙——存在解体のあと」『コスモスとアンチコスモス——東洋哲学のた

めに』に収録、岩波文庫、東京
Lopez-Corvo, R.E.（2003）：The Dictionary of the Work of Wilfred Bion. Karnac Books, London 松木邦裕監訳（2023）『ビオン事典』金剛出版、東京
松木邦裕（2021）『体系講義　対象関係論（上）（下）』岩崎学術出版社、東京
Milton, J.（1674/1968）：Paradise Lost: Paradise Regained. Penguin Books, London 平井正穂訳（1981）『失楽園（上）（下）』岩波文庫、東京
西平直（2014）『無心のダイナミズム――「しなやかさ」の系譜』岩波書店、東京
西平直（2021）『井筒俊彦と二重の見』未来哲学研究所、東京
清野百合（2018）「無と想像――Late Bionにおける分析的真実への接近法」精神分析研究 62（3）；472-477.
清野百合（2021）「解題」『ビオン・イン・ブエノスアイレス 1968』金剛出版、東京
Suzuki, D. T.（1957）：Mysticism: Christian and Buddhist. Macmillan, New York. 坂東性純・清水守拙訳（2020）『神秘主義――キリスト教と仏教』岩波文庫、東京
Vermote, R.（2018）The evolution of Bion thoughts: 1958-2018.「ビオンの思考の進展：1958-2018」日本精神分析協会における講演、於東京
Vermote, R.（2019）：Reading Bion. Routledge, London. 松木邦裕監訳・清野百合訳（2023）『リーディング・ビオン』金剛出版、東京
Vermote, R.（2022）：The gap and the ineffable, unknown as a source of life in Winnicott and Bion.「Winnicott とBion における、生命の源としての裂け目と言いようのない未知なるもの」日本精神分析学会第六八回大会教育研究セミナー「知りえない領域について」における講演、於横浜

第8章　失われしもの

精神分析と宗教の関係を考える

西　見奈子

はじめに

ビオンを知ると、思考が深く掘り起こされ、豊かに紡がれていくという経験が引き起こされます。それは他の精神分析理論ではあまり生じないことかと思います。しかしながらビオンを知ることはそれほど容易いことではありません。破局とまでは言いませんが、ビオンを知ることができるようになるためにはいくらかの壁があり、それらを乗り越えることが必要だというのが私の実感です。まずはその理論の難解さが挙げられるでしょうか。数多くの精神分析理論の中でもビオンの理論は飛び抜けて難しい。精神分析だけではない哲学や数学が応用された理論は、私たちに多くの知識や教養を求めます。

しかし困難はそれだけに起因するものとも思えません。私が思うにビオンを知ることの困難のひとつは、宗教の問題に直面することではないでしょうか。ここで宗教という言葉を用いることが適切なのかどうかは大変悩むところです。神秘性や自己超越、霊性などという言葉も浮かびます。宗教という言葉が最も広く共有される言葉だと考え、ここで用いることにしましたが、その「宗教」が何を指すのかということはさらに厄介なところです。そもそも宗教を定義することなど門外漢の私にできそうにもありませんが、宗教学者の末木による「この世界の合理的な秩序を超える問題と関わる」（末木 2006）ことを総称して宗教と呼ぶという考えは、私がここで伝えたいと思うことに最も近いように思います。

さて、現代の日本においてこの宗教の問題を正面切って議論することは非常に難しいことです。日本では一九八〇年代から九〇年代にかけて新興宗教団体による殺人や無差別テロ事件など、暴力的な出来事が続きました。一方で三・一一など人智を超える自然災害も繰り返し起きています。ちょうどこの原稿に取り組んでいた二〇二四年一月一日にも能登半島地震が起きました。多くの人が亡くなり、私たちは祈る他ないという状況に今、まさに晒されています。そのような日本の状況の中で、宗教に対する生理的な嫌悪とでもいうべき忌避的傾向は高まり、宗教離れが加速する一方、瞑想や自己変容、超常体験に関心を持つ「新しいスピリチュアリティ」（島薗 2012）はますます勢いを増し、そのマーケットを拡大しています。身近なところでは、精神医療の分野でアメリカから逆輸入されたマインドフルネスが注目を集め、精神科の治療プログラムとして人気を博しています。

しばしば後期のビオンは神秘的であるとか、宗教的だと言われてきました。私はそうした意味での批判をここで展開したいわけではありません。しかしながら、ビオンの理論を考える上では、宗教の問題は避けて通れないことだろうとも感じます。ビオンの思考方法と切り離せないものだとも思うからです。そこで改めて精神分析と宗教の関係について整理してみようというのが、追加発言としての本論の目的となります。本論で取り上げるいくつかの宗教と精神分析をめぐる出来事を想起することが、三人の先生方の議論を理解する手助けになればと思います。そこで、ここでは主に科学性や合理性に相対するものとしての宗教を取り上げます。精神分析における宗教問題にはユダヤ教というもうひとつの側面がありますが、それについてはここでは取り上げることはしません。ビオンを考える上で必要だと思う宗教の問題に焦点を当てて整理してみたいと思います。

一　日本における精神分析と科学

フロイトの精神分析を近代の代表的産物として位置付けようする人たちは、精神分析を宗教から離脱することに成功した科学として捉えようとしてきました。それは日本でも同じです。ご存知の通り、日本の鎖国は江戸時代末に終わりを迎えます。そこから日本は国を挙げて近代化を推し進めました。その最中に精神分析も輸入されました。日本で最初だと思われる精神分析の紹介は、一九〇二年のことです。雑誌『公衆医事』のなかで、小説家であり、医師である森鷗外が書いた記事にフロイトの名前が認められます。一九一〇年代には精神分析に関連する書籍が盛んに出版されるようになり、一九二〇年代から一九三〇年代にかけては本格的にフロイトの著作の翻訳がなされ、全集や著作集も複数の出版社から出版され、日本で精神分析は広がっていきました。そこで先人たちが苦労したのは、精神分析がいかに科学的なものであり、宗教や霊術とは異なるものかという点でした。

そもそもフロイト自身が精神分析を科学として成立させようと奮闘したことはよく知られています。また、科学に反するものとして宗教を位置付け、それに対していかに批判的であったかについては『続精神分析入門講義』における「第三五講　世界観なるものについて」(1932) を読むだけでも十分に私たちが知ることができるものです。

「ここで問われているのは、他でもない、神の霊、ないしそれによる啓示といったものがそもそも存在するのかという問題ですが、まさにそこにおいて、それは問うことはあたわず、なにしろ神は問われてはならないのだから、などと言われたところで、解決にも何にもなりはしないのです」

(Freud, 1932: 223)

フロイトは神の存在を"Petition principii"［注釈1］だとして切り捨てます。そして、精神分析は「科学の世界観」を採用しなければならないと主張します。フロイトの考える科学の世界観とは以下のようなものです。

「科学的世界観は、消極的な性格で際立ってとり、眼前の知りうるもののみに関わるだけで、自分とは縁のない諸要素はきっぱり切り捨てるといった姿勢を特徴としております。それが主張しているのは、世界についての知の源泉は、入念に検証された諸観察の知的処理、つまり研究と呼び習わされているもの以外にはありえず、そこには啓示だとか直感だとか予言にもとづく知など

の入り込む余地がないということです」　（「続精神分析入門講義」『フロイト全集21』p.208）

このようにフロイトは精神分析を科学として位置付けようとしました。これはフロイトが学生時代、医者になるか生物学者になるかで悩んでいたこと、さらに非常に優秀な生物学者としても初期に業績を残していることと無関係ではないことでしょう。そう考えるなら、『続精神分析入門講義』の出版はフロイトの晩年のものですが、フロイトは若い頃から一貫して科学的思考を尊重した人と考えられます。

話を戻しますと、フロイトがこの論考を発表した一九三〇年代は日本でもちょうど精神分析が盛り上がりを見せていた時期でした。日本で最初の精神分析家として心理学者の矢部八重吉が精神分析家の資格を認められ、訓練のための精神分析コミュニティを日本にも創設しました。当時、日本で精神分析を展開していた彼らも精神分析を科学として位置付けようと奮闘しましたが、そこには日本独自の背景もあります。

明治後期、国をあげて近代化が推し進められていた日本で起きたのは、催眠術の一大ブームでした。たくさんの精神療法家が生まれ、催眠を用いた精神療法がおこなわれました。日本における催眠術ブームのややこしいところは、近代化が強調する科学へのアンチテーゼとして、特に科学の万能性に対する批判として、催眠術がもてはやされた一方、海外から輸入された最新の医学技術あるいは心理学技術として、すなわち最先端の科学技術として催眠術が位置付けられ展開していったというところです。この矛盾する正反対の方向性がそれぞれの強い熱量を持って催眠術ブームを盛り上げ、その中でフロイトの無意識の概念も知られていきました。

やがて催眠術ブームは催眠術を本人の気づいていない能力を目覚めさせるものとして位置付けられるようになっていきます。催眠術によって、五感以上の力を覚醒できるようになるというものです。催眠術とともに超感覚が注目されました。そうして日本の臨床心理学史に大きな影響を与えたと言われる（サトウ 2022）千里眼事件が起こります。

千里眼とはすなわち全てを見通せる神通力のことであり、仏教でいうところの六通ということです。科学的立場から千里眼を研究対象にしたのが、東京大学の心理学者だった福来友吉《ふくらいともきち》でした。彼がおこなった千里眼（透視）の能力を持つ人物に対する実験の数々は、新聞に公開実験としてセンセーショナルに取り上げられ、各地に超能力者たちが続々と現れることになります。千里眼の存在を巡って世論は盛り上がり、実験の主な被験者であった御船《みふね》千鶴子と長尾郁子には多くの注目を集めました。それと同時に彼女たちへの誹謗中傷も高まっていきました。いつの時代も好奇の目は残酷なものです。やがて、一九一一年に御船千鶴子が自殺し、長尾郁子が病死するという悲劇的な経緯を経て、物理学者たちは「千里眼は科学に非ず」という結論を出しました。結果、福来も大学を追われることになります。

日本のアカデミズムの草創期にこの事件が起きたことは、日本の臨床心理学の発展に大きな影響をもたらしました。これによって、のちの臨床心理学につながる変態心理学のポストが、東京帝国大学から消失したからです。日本の心理学は実験によって証明される客観性と科学性を何より重視するという方針を固めることになります（一柳 2014）。

こうした経緯は一九三〇年代に日本の精神分析家が生まれ、訓練がおこなわれるようになった時には、誰にとってもまだ生々しい記憶だったことと思います。おそらく精神分析に携わった彼らが精神分析を科学的なものとして位置付けようとするひとつの強い動機になったことでしょう。驚くべきことに私が学生の頃にも精神療法家という言葉は用いないようにとある年配の精神分析家から言われたことがありました。その理由は、精神療法家という言葉は明治期に大量に生み出された催眠術師のことを連想させるからということでした。オカルトや霊術ではなく、科学としてアカデミズムにふさわしいものであろうとする当時の名残りは、現代の日本でも全く消え去ったものではないのです。

ことわっておきたいのは私は決してこのような歴史を通して、精神分析は宗教的ではなく、科学的でなければならないということを示しているわけではないということです。精神分析を学んできた私が知っているのは、こうした強い主張や葛藤、迷いが生じているところにこそ、見るべき物事の本質があるということです。精神分析は科学なのか宗教なのかという問いを考えなければならないところに位置しているのであり、科学なのか宗教なのかという問いは精神分析の本質に関わる問題なのだろうと思います。

二　Oについて

ビオンの理論の中で、特に科学なのか、宗教なのかという問題を惹起させるのは第三領域（第3章参照）に関わるところだと思います。第三領域はすなわちOです。Oとは「究極の現実、絶対的真実、神性、無限なるもの、物自体などの言葉で表される究極の現実」（Bion, 1970: 26）として考えられています。さらにOは不可知の存在であり、超越的なものであり、Oは体験することができず、Oであることを体験することしかできない（Grotstein, 2007: 133）とされています。こうしたOについての説明の中でビオンは神秘家たちを引用しました。またヴェルモート先生は神秘主義者のマイスター・エックハルトの言葉を借りて「神について語ることができるなら、それは神ではない」と述べています（第3章参照）。

このOに接近するための方法として、ビオンが示したのは「記憶なく、欲望なく、理解なく」という方法でした。フロイト（1916）がザロメへの手紙に綴った「敢えて自らを盲目にする」行為に準えて、ビオンは「盲目の中、暗闇の光線でもって分析家は進展したOの諸要素が「見える」のを待つ（Bion, 1970: 58）」とも表現しています。松木先生（2012）はこうした態度とフロイトとの「平等に漂う注意」という態度との関連を指摘し、注意の向け方によって注意を自由に漂わせる（free foating attention）ものとしての平等に漂う注意（gleichschwebende Aufmerksamkeit）と、注意を全く宙に浮かす（evenly suspended attention）ものとしての平等に漂う注意（gleichschwebende Aufmerksamkeit）の二種に分けることができることを示しました。そして後者の方法は、注意を宙に留め置き、直感によって理解を得るという方法だとして、ビオンのもの想いの心の状態に通じるものだと考えました。実際にフロイトが精神分析における治療者の基本的態度として、示したのは次のようなものでした。

「最もうまくいくのは、言ってみれば、視野に何の目的も置かずに進んでいき、そのどんな新たな展開に対しても驚きに捕まってしまうことを自分に許し、常に何の先入観も持たずに開かれたこころで向き合う症例である。分析家にとって正しいふるまいとは、必要に応じてひとつの心的態度からもう一方の心的態度へと揺れ動き、分析中の症例については思弁や思索にふけることを避け、分析が終結した後にはじめて、得られた素材を統合的な思考過程にゆだねることにある。」

(Freud, 1912: 25)

フロイト（1912）は、この態度は患者に課す自由連想に対応するものだとして「やるべきことはただ聞くことであり、何であれ覚えているかどうかに煩わされるべきではない」と明確に述べます。さらには治療の中で必要とされることはすべて、この方法で達成されることで十分に満たすことができるとまで言い切っています。

しかしながら、フロイトがこの方法を用いて目指したのは、もちろんOに近づくことではありませんでした。たとえば、フロイトは『終わりある分析と終わりのない分析』において、精神分析でおこなうことは「エスについての何かを意識化させよう」とすることと、「自我についての何かを修正しようとする」ことの二つだと述べています。そして「エスの中の何かを意識化させようとする」過程において、かつての防衛機制が「抵抗」として生じてきてしまうため、治療が長引いてしまうことを指摘しています。フロイトはその説明の中で「真理Waherhiet」という言葉を繰り返しました。岩波書店版の『フロイト全集』の編注においては、この意味をありのままの現実、すなわち歪められたり、曇らされたりしていない、もともと正しい現実という意味だろうと説明しています。
同じ文章内で、フロイトが具体例として示していたのが、手書きされていた時代の書物だったこともそれを裏付けます。手書きの書物の場合、後の時代になると望ましくないと見なされる記述は、いくつかの言葉が省略されたり、他の代用されたり、新しい文章が挿入されたり、さらには全部が削除されて全く逆の意味の別の文章が嵌め込まれたりして書き換えられます。こうした喩えを用いて、フロイトは真理を説明しました。つまり、フロイトの「真理」は、心によって歪められることのない現実のことです。「真理」に対するフロイトのこうした態度は一貫したものでした。前述した『続精神分析入門講義』の中でもフロイトは次のように述べています。

「科学的思考が求めていますのは、現実との一致に達すること、すなわち、私たちの外部に私たちとは独立して存在し、私たちの欲望が成就するかを決定的に左右する――と経験が教えてくれている――ものとの一致に到達することです。現実の外界とのこうした一致を私たちは真理と呼んでおります。」

(Freud, 1932: 224)

現実の外界との一致。フロイトは精神分析の目的は、抑圧されたものを再び構築することだとも述べました。フロイトが精神分析家の仕事を考古学者の仕事にたとえたのはよく知られていることです。患者の夢や自由連想、さらには転移関係を通して「歴史的真理（Freud, 1937）」を再構築して示すことが精神分析家の仕事だとフロイトは考えたのです。このような点はやはりフロイトとビオンとで異なるところではないでしょうか。ヴェルモート先生（第3章参照）の示した心のモデルから私たちが理解できるのは、Oは無意識とは区別されるものであり、無意識とは異なる別の領域だということです。だからこそビオンの理論は、それまでの無意識を中心とした精神分析からのシフト（Vermote, 2019）になりうるのでしょう。

さらにこのOに対する態度としてビオンが求めたのは、「信に基づく態度Act of Faith」でした。これは未だ起きていないことや知られてるはずのないことに身をまかせる（Vermote, 2019）態度のことであり、思考の中で、思考によって表象されうるようになると、把握できるようになるものとして考えられています。ここでビオンは明確に私たちに為すべきことを提示します。それは未だ知らないことへの畏怖の態度であり、Oを信じることです。

ヴェルモート先生が引用した婆子焼庵を思い出します。この公案の重要なポイントは、老婆の存在でしょう。小屋を焼き払い、僧侶を追い出したこの老婆はあたかもどのような振る舞いをすべきだったかを知っている人かのように描かれます。一体、この老婆が何を知っていたというのでしょうか。果たして彼女は全てを知っている存在なのでしょうか。それとも何も知らない素人なのでしょうか。老婆というからには、何も知らない可能性が高そうですが、「あれはただの老いぼれ」というように、容易に何も知らない耄碌した年寄りに反転しそうな存在を信じるべきかどうかに全てが委ねられているという点が印象的です。合理的な秩序を無視しているという点で宗教らしいと言えるものかもしれません。Oも同様の構造を持ちます。Oの存在は信じるべきかどうかにかかっています。

三　古澤平作と合一

一九七六年におこなわれたインタビューで、アメリカで東洋哲学への関心が高まっていることについて尋ねられたビオンは、さまざまな思考方法があることに私たちが気づくようになったと答えました。アメリカでは禅が一九五〇年代後半からブームとなり、一九六〇年代以降はカウンターカルチャーの中から生まれたニューエイジ・カルチャーと呼応して人気を博しました。カウンターカルチャーの根底にあるのは、近代科学や合理主義に限界を認め、理性や普遍的な原則ではなく、個人の感情や経験を重視する態度（柳澤 2023）だと言います。そうした禅ブームの功労者のひとりに鈴木大拙（1870-

1966）がいました。鈴木大拙は一九五七年メキシコで開催された禅仏教と精神分析のワークショップにて、講演をおこなっています。

松木先生は弓術家の阿波研造の「私が眼をそのように閉じていると、的は次第にぼんやりとなり、やがて的が私の方に来るように思われ、私と一つになります。」（第2章参照）という言葉を引用しました。さらにヴェルモート先生は「水が水を見るのです」という道元の言葉を引きます（第3章参照）。こうした発想に共通しているのは、対象の中に入り込み、一体になるという考え方です。大拙がメキシコの講演の中で、禅的な思考方法として強調したのもその点でした。つまり「じかに対象そのものの中に入って行く」（大拙 1960: 26）ということです。花を知るためには花になる必要があり、花の中に自己を喪失することこそが、花を知るということになるという発想でした。

かつて、日本には精神分析に仏教の思想を加えて、精神分析の再構築を試みた人物がいました。日本の精神分析の礎を築いた古澤平作です。古澤が精神分析に加えようとしたのもこの合一になるという視点でした（西 2022）。

第二次世界大戦後、古澤によって日本の精神分析は新たな時代を迎えます。彼を長として、新しい学術団体が作られ、彼の訓練によって、多くの精神分析家や精神療法家が輩出されました。古澤はビオンと同じ年に生まれ、同じ時代を生きた精神分析家でした。一九三二年に古澤はウィーンに留学し

ています。その留学中に「罪悪感の二種」という論文を完成させ、フロイトに渡したと言われていま
す。この「罪悪感の二種」という論文は真宗大谷派の僧侶である近角常観《ちかずみじょうがん》の仏教思想から精神分析
を批判し、エディプスコンプレックスとは異なる「阿闍世コンプレックス」の提案を試みたものです。
こうした古澤の精神分析と仏教の統合の試みは、終生にわたっておこなわれましたが、特に古澤から
直接、教えを受けた世代からは厳しい批判の目を向けました。彼らが問題視したのは、古澤の合一を
救いとする態度でした。古澤は、人間の苦悩を救う方法として「とろかし」という態度に注目しまし
た。それはどんなに自分が悪いことをしても許してくれる人に「とろかされて」救われるというもの
です。

救いという考えは、一見、精神分析に馴染まないものかもしれません。フロイトは前述したように
「エスについての何かを意識化させよう」とすることや「自我についての何かを修正しようとする」
ことを目的に掲げました。ビオンであれば、セッションの目的はOに近づくことになるかもしれませ
ん。しかし、多くの患者は何らかの問題を抱えて、精神分析を訪れます。彼らの救われたいという気
持ちを治療者は全く無視することはできないことでしょう。多くの治療者が患者の困っているその状
態をなんとかしたいと思って、セラピーを始めるのは間違いないことだと思います。その意味におい
て、古澤が患者に救いを与えようとしたことは批判することはできません。助けを求めてきた人に対

して、救いを与えようとするというのはごく自然な態度だと思うからです。

仏教学者の末木（2012）によれば、仏教のみならず、インドのウパニシャッド哲学においても、全ての人たちの意識が合一する区別のない世界に救いを見出すのは、東洋的な思想の伝統であると言います。しかしながら、古澤のこの発想が日本の精神分析の中で受け継がれることはありませんでした。近代思想に反した是正すべき視点として取り扱われていったのです。

おわりに

ビオンがインタビューで答えたように、人間にはさまざまな思考方法があります。明治維新によって、西洋の文化がどっと日本に流れ込んだ時、心というものに対する考え方は日本で大きく変わりました。それは直接的に翻訳という作業に結びついて体験されたものでした。海外から多くの心に関する言葉が輸入され、それまでない言葉に対しては、意味の近い訳語を当てはめていくという作業がおこなわれました。西周が心理学に関する多くの言葉を作ったことはよく知られています（栗島 1966）。たとえば、精神分析でよく用いられる意識もそうです。漢文学者の鈴木（1978）によれば、意識は禅で用いる「意識」を想起して、その言葉を選んだ可能性があると言います。他には「自由」もまた禅における「自由」からfreedomの訳を考えたのではないかと指摘されています。つまり、一〇〇年ほど前にすでに私たちは禅から精神分析の言葉を得ていたことになります。

そもそも現在の意味でのreligionに対応する宗教という言葉もまた明治以降のものだと言います（末木 2006）。だからと言って、宗教に関わるものが日本になかったわけではありません。明治以前には、精神分析をはじめ、心に関わるものは広く宗教（と私たちが今、呼んでいるもの）やその周辺に位置付けられていました。おそらく近代的な新しい概念や用語の導入によって、削ぎ落とされ、振り払われてしまったものたちがそこにはたくさんあることでしょう。今、私たちが無心という言葉を通して掴もうとしているのは、そうして失われてしまったものたちなのかもしれません。こうした動きは、西洋と東洋という枠組みからは、揺り戻しとして見なすこともできることでしょう。しかし、それをただの揺り戻しではなく、精神分析の進展として捉えるならば、精神分析家たちは精神分析を知ることによって失われたものにもっと注視しなければいけないだろうと思います。

［注釈］

1 — “Petition principii” 論点先取。説明すべき命題を仮定として使用することから生じる論法の誤り。

文献

Bion, W.R.（1970）：Attention and Interpretation. Karnac, London.

Freud, S.（1912）: Recommendations to Physicians Practising Psycho-Analysis. The Standard Edition of the Complete Psychological Works of Sigmund Freud, 12, 109-120. 藤山直樹監訳（2014）「精神分析を実践する医師への勧め」『フロイト技法論集』岩崎学術出版社、東京

Freud, S.（1932）: New Introductory Lectures on Psycho-Analysis. The Standard Edition of the Complete Psychological Works of Sigmund Freud, 22, 1-267. 道籏泰三・福田覚・渡邉俊之訳（2011）「精神分析入門講義」『フロイト全集21』岩波書店、東京

Freud, S.（1937）: Analysis Terminable and Interminable. The Standard Edition of the Complete Psychological Works of Sigmund Freud, 23, 209-254. 藤山直樹監訳（2014）「終わりのある分析と終わりのない分析」（1937）『フロイト技法論集』岩崎学術出版社、東京

Grotstein, J. S.（2007）：A Beam of Intense Darkness. Karnac, London.

一柳廣孝（2014）『無意識という物語―近代日本と「心」の行方』名古屋大学出版会、名古屋

岩本明美（2010）「アメリカ禅の誕生―ローリー大道老師のマウンテン禅院」東アジア文化交渉研究, 6, 11-31.

栗島紀子（1966）「訳語の研究――西周を中心に」日本文學, 27, 69-87.

松木邦裕（2012）「gleichschwebende Aufmerksamkeitについての臨床的見解――精神分析の方法と関連して」精神分析研究, 56（4）；409-417.

西平直・松木邦裕（2017）『無心の対話――精神分析フィロソフィア（こころの臨床セミナーＢＯＯＫ）創元社、大阪

西見奈子（2022）「シンポジウム討論記録「日本的」とは何か――精神分析概念の創造」精神分析研究, 66（3）；229-246.

サトウタツヤ（2022）『臨床心理学小史』ちくま新書、東京

末木文美士（2006）『日本宗教史』岩波書店、東京
鈴木大拙, Fromm, E., De Martino, R.（1960）『禅と精神分析』東京創元社、東京
鈴木修次（1978）『漢語と日本人』みすず書房、東京
島薗進（2012）『現代宗教とスピリチュアリティ』現代社会学ライブラリー8　弘文堂、東京
Vermote, R.（2018）: Reading Bion: The New Library of Psychoanalysis: Teaching Series, Routledge, London, 松木邦裕監訳 清野百合訳（2023）『リーディングビオン』金剛出版、東京
柳澤田実（2023）「感情が「現実」を作る時代――なぜニューエイジというアメリカの病はこれほど根強いのか」現代思想, 10　特集スピリチュアリティの現在；42-53.

エピローグ

松木邦裕

ビオンの精神分析をこのような形で世に問うことができるとは、以前の私には想像できなかったことでした。

ウィルフレッド・ビオンは一九四八年に精神分析家になりましたが、その頃の彼にはクラインとの精神分析体験が彼の臨床と理論の形成に大きく影響していました。

実際、彼は英国精神分析協会クライニアンの一人であり、国際学会での論文発表を通して急速にクライニアンの中で傑出した人物と認められていきました。事実、一九六〇年のクラインの死後、クラインのアーカイブスを保管するメラニー・クライントラストの初代委員長に推され、一九六二年には英国精神分析協会会長に就きました。

一九五〇年代の統合失調症や境界精神病に素材を求めた一連の論文は、投影同一化やスプリッティングというスキゾイド機制、破壊衝動や死の本能、妄想－分裂ポジション等のクラインのオリジナルなコンセプトを基盤に置いた「認識論」に基づいていました。

けれどもビオンはクラインの死後、この認識論的精神分析を彼自身のオリジナルな観察と独創的なコンセプト、たとえばコンテイナー／コンテンド理論、α機能、K－リンク、もの想い、グリッド、変形理論等を持ちいて探究していきました。それは哲学、数学、化学等の論理、とりわけ座標幾何学／解析幾何学を援用して精神分析独自の科学的演繹体系を創る試みであり、瞠目される豊饒な成果を挙げました（松木 2021）。

そして、「知ること」を追究するその独創的な認識論的精神分析がドラスティックに変わったのは、一九六五年「記憶と欲望」論文の提示においてでした（Bion, W., 1965/2018）。ビオンは精神分析家たちに記憶や欲望や理解を放棄するよう勧めます。その代わりに、「薄暗い場所を貫通する一筋の闇」(Bion, W., 1967/2018, p.23) の下に直観を鍛錬することを主張します。ビオンの中に明白なパラダイムシフトが起こっていました。

一九六三年一〇月二日に英国協会で講演した「The Grid」(Bion, W., 1963/1997) では「存在論」に基づく「O」を初めて提示し、ここに次著『変形』の導入部も述べられていました。そして、一九六五年に出版された『変形』の最後にあたる一一章、一二章でビオンは、「Oを知ること」から「Oになること」への変換を述べ、認識論から存在論への移行を明確に著わしました。

ビオンは「記憶と欲望」(1965)、「破局的変化」(1966)、「ネガティヴ・ケイパビリティ」(1967)という一連の講演で、最後の講演で司会を務めたウィニコットも、「私たちは新しい技法を学ぶ過程にいるようです」と述べて気がついていたように、認識論とそれに基づく演繹法的アプローチというそれまでの精神分析の哲学と方法論を離れ、存在論からのまったく斬新な帰納法的アプローチを主張しました。

ビオンのこの新しい姿勢は晩年も変化しなかったのですが、ビオンの周囲の精神分析家たちにはおよそ理解できませんでした。「ビオンの考えることは規律を失い始め、言葉はその質に欠損が出てきた。規律が失われているというのは、論説／言語による議論やコミュニケーションのカテゴリーを混ぜたり曖昧にしたりし、矛盾に当惑させたり、考えをつなぐより考えの間をずらしていることである。」(O'Shaughnessy, E., 2005, p.216)。「グノーシス主義的」Gnosticという神秘主義に陥った(Taylor, D., 2011, p.1101)、「ビオンが勧める技法的スタンスの結果を批判的に調べる方法を見つける必要性には後期ビオンは気まぐれである」(Taylor, D., 2011, p.1102) といった激しい批判が、ビオンの存在論と帰納法的アプローチを理解することができず、認識論からの演繹法的アプローチに固執する英国協会クライニアンに支配的になりました。

その結果、後期ビオンの見識はまったく無視されました。英国独立学派の精神分析家の中には後期ビオンを重視する人たちもいましたが、部分的な理解に留まるか、宗教と重ねられました（Symington, J&N., 1996）。米国でも神秘主義や宗教的思想（Eigen, M., 2014; Grotstein, J., 2007）と重ねて見られました。

しかし、果たしてビオンはそうなのでしょうか。

ビオンを否定したり神聖化する彼らとはヴェルモート先生は異なりました。ビオンが認識論から存在論に転換したところを「セジューラ」と見極め、後期ビオンの進展を見据えました（Vermote, R., 2019）。

先生は二〇一一年のテイラーとの誌上討論で「私たちがビオンの考えを真剣に受け止めるなら、私たちはそれらを試そうと努めるべきだろう」と応えました（Vermote, R., 2011, p.1114; Taylor, D., 2011）。その見識を私は肯定します。

ビオンは精神分析的対象（情緒的経験）を探求し続けましたが、その過程において、それまでもカント、ヒューム、ポアンカレ、デカルトといった英国の伝統的教育で学んだ思考方法や数学論理を彼独自の仕方で活用しました。同じように、後期ビオンも既に彼が得ていた思想を彼独自の使用法で精神分析実践に適用しようとしたのだと私は思います。この場合は、ビオンがインドでの幼少期に最もなついていた老いた乳母のアヤを通じて知ったインドの伝統思想であるウパニシャッドです。

今日的には、ウパニシャッド思想に根差し、精神分析というプラクティカルな学問の性質に最も近いのは禅であるようです。ゆえに私たちは、いや少なくとも私は、後期ビオンの精神分析と精神分析技法を、禅やそれに育まれた我が国の文化から得られている感覚を通じて学ぼうとするようになりました。

重要なポイントは、ビオンがウパニシャッドや禅の人なのではなく、精神分析では禅と近似な世界観、人間観がその真髄に不可欠なものとして必要とされており、フロイトに続いてビオンはそれを再発見しましたが［註1］、そこにはインドに生まれ幼少期の生活でその地の空気を全身で体験していた彼がいただろうことなのです（Bion, W., 1986）。ビオンが八歳から英国本土での寮制学生生活を過ご

［註1］フロイトは一九〇〇年『夢解釈』の「イルマの注射の夢」、一九〇五年のヒステリー症例ドラの第一の「火事と母親の宝石箱」の夢において、それまで理論に沿った夢解釈を続けていたところから、突然結論に飛ぶ。まったく唐突に「私はこれでこの夢の解釈を完了した」と書いた（Freud, S., 1900, SE4. p.118.; 1905, SE7. p.73）。フロイトは演繹法による夢の理解をある程度進めたところに、直観を使う帰納法的アプローチを入れている。

した一〇年後、一八歳で並々ならぬ熱意を持って第一次大戦での兵役を志願したのは、ノブリスオブリージュからかもしれませんが、無意識のうちにインドの英雄クリシュナに同一化していたのかもしれないのです。ビオンが一九六八年一二月、米国西海岸に移住する前にクリシュナに言及しているのもまた、偶然ではないでしょう（Bion, W., 1968, p.80［註2］）。

本書で西先生が賢明にも取り上げているフロイトの一九一二年の精神分析技法に関する一文が、演繹法的アプローチと帰納法的アプローチの使い分けが精神分析実践には必要であることを伝えています。以下に紹介しますが、研究という表現で演繹法、治療という表現で帰納法を述べているのです。これらから、ビオンはフロイトの精神分析技法を再発見したと言えると私は考えます。

「精神分析がその卓越性を主張できることのひとつは、疑いもなく、その実践において研究と治療が同時に行われるということである。しかし、あるところから先に行くと、それらのうちの一方に必要とされる技法ともう一方に必要とされる技法が対立する。……最もうまくいくのは、言ってみれば、視野に何の目的も置かずに進んでいき、そのどんな新たな展開に対しても驚きに捕まってしまうことを自分に許し、常に何の先入観も持たずに開かれたこころで向き合うケースである。分析家にとって正しいふるまいとは、必要に応じてひとつの心的態度からもう一方の心的態度へと揺れ動き、分析中のケースでは思弁や思索にふけることを避け、分析が終結した後にはじめて、得られた素材を統合的な思考過程に委ねることにある。」(フロイト 1912：25)(Freud, S., 1912. SE 12. p.114. 訳書 p.25)

私の幸運は、エリクソンの著書を翻訳され精神分析に深い関心を持ち続けておられ、日本の伝統思想や西田哲学に詳しく、教育人間学、宗教心理学、死生学を研究されている哲学者西平直教授に京都大学で出会えたことでした。死生学や哲学の視点からケアを意欲的に研究されている西平先生は、その文脈からも臨床実践に重きを置く精神分析に強い関心を抱かれていました。

さらには、精神分析家でビオン研究者、加えて禅を実践するルディ・ヴェルモート先生との出会いがあったことです。

私との最初の出会いのとき、ヴェルモート先生はなにげなく禅に触れられました。けれども、当時の私にはそれと精神分析は結びつかず、日本文化に感化された一人の西欧人がここにいると思うだけでした。しかし、ビオンをさらに知り、ヴェルモート先生との繰り返される対話を通して、後期ビオンの精神分析に臨む姿勢と禅から生まれた日本人に普通に備わっている心的内容が、私の中でつながりを持ち始めたのです。そして今回、ヴェルモート先生は台湾での国際精神分析カンファレンスに招

[註2] クリシュナに言及している文とまったく同じと言ってよい三〇行以上に及ぶ文がConitations CWB 11. pp.292-293に記載され、一九六九年日付なし、とされている。

聘された帰りに京都に寄り、この「無心の対話Ⅳ」シンポジウムに寄与してくれました。

西平先生が書いておられますが、ここで特異な状況は、私が東洋思想から語り、ヴェルモート先生が西欧思想から語るのではないことです。

その対極と言ってもいいかもしれません。西欧文化に育ったヴェルモート先生が禅や西田哲学に通徹した立場から精神分析論を展開し、その一方で私は、基本的に西欧的な論理――現代の平均的日本人のそれ――に基づく精神分析とその技法論を述べています。そうではありながらも、共通するのはそれぞれの視座を介して、二人ともが後期ビオンの精神分析を共有し探究していることです。そこに西平先生がその私たちを分け、かつ、つなぐという、とても意味深い試みを絶妙なバランスを維持されながら提供されました。

本書には新たな頂点／視点が加わりました。

一連の「無心の対話」シンポジウムのオーガナイザーでもある西　見奈子先生は、日本の精神分析史研究という御自身の重要な研究テーマから援用され、新たな頂点vertex［註3］を提出されました（西2019）。清野百合先生は、ビオンの著作やヴェルモート先生の著作の精密な翻訳を完遂してこられていますが、後期ビオンを『注意と解釈』（Bion, W., 1970）までのOを語る「その前期」と、理論書を書かなくなり問いかける「その後期」に分けています。その上で、後期ビオンの「その後期」の精神分析と禅の共通性を検討しました。ここからも新たなビオン像が浮かび上がります。後期ビオンは存在論に基づく帰納法的アプローチを主張しました。それは確かに、精神分析の方法の本質なのです。その後期ビオンの精神分析に近づくことを私たちは試みています。もしかしたら、ここでの私たちの展開は、後期ビオン精神分析の最も自然な理解なのかもしれません。そして私の知る限り、この探究は、アジアでも日本においてなせることなのだろうと思います。

ヴェルモート先生は『リーディング・ビオン』の日本語版の序文に書いています。

ビオンの「仕事、特にその最後の部分は、西洋的なものよりも日本的なものを背景に据えることで、よりよく理解され、統合されます。空（くう）、未分化であること、表現しえず語りえない情緒的現実に持ちこたえ、それらと協働することは、私たちの文化よりもあなた方の文化に近いものです。ビオンの考えは、日本の土壌でさらに豊かになることでしょう」

［註3］ビオンの用語で見地、視点を意味するもの。

文　献

Bion, W.（1963/1997）：The Grid. In Taming Wild Thoughts. Karnac Books London.

Bion, W.（1965a）：Transformations. Heineman Medical Books. London.

Bion, W.（1965b）：Memory and Desire. In Mawson, C. Ed Three Papers of W.R. Bion. Routledge. 2018.

Bion, W.（1968）：Further Cogitations. 7 December 1968. CWB 15. Karnac Books. London.

Bion, W.（1970）：Attention and Interpretation. Tavistock Publications. London.

Bion, W.（1982）：The Long Weekend: 1897-1979（Part of a Life）. Fleetwood Press. Abingdon.

Eigen, M.（2014）：Faith. Karnac Books. London.

Freud, S.（1912）：Recommendations to Physicians Practising Psycho-Analysis. SE 12. 藤山直樹監訳（2014）「精神分析を実践する医師への勧め」『フロイト技法論集』岩崎学術出版社，東京

Grotstein, J.（2007）：A Beams of Intense Darkness. Karnac Books. London.

松木邦裕（2021）『体系講義 対象関係論 上・下』岩崎学術出版社，東京

西見奈子（2019）『いかにして日本の精神分析ははじまったか』みすず書房，東京

O'Shaughnessy, E.（2005）：Whose Bion? International Journal of Psycho-Analysis, 86; 1523-1528. and In Inquiries in Psychoanalysis. 2015. Routledge. London.

Taylor, D.（2011）：Commentary on Vermote's 'On the value of 'late Bion' to analytic theory and practice'. International Journal of Psycho-Analysis. 92, 1099-1112.

Vermote, R.（2011）：On the value of 'late Bion' to analytic theory and practice'. International Journal of Psycho-Analysis. 92, 1089-1098. and 1113-1116.

Vermote, R.（2019）：Reading Bion. Routledge. London. 松木邦裕監訳，清野百合訳（2023）『リーディング・ビオン』金剛出版，東京

ルディ・ヴェルモート（*Rudi Vermote*）
医学博士，ベルギー精神分析協会元会長，同協会訓練分析家，ルーヴェン大学精神医学名誉教授，国際精神分析誌編集委員，国際精神分析協会提携センター・アウトリーチ委員会委員長，台湾精神分析スタディ・グループ・アドバイザー，カリフォルニア精神分析センター名誉会員。テルアビブのウィニコット・センターで教鞭をとる。2018年京都大学客員教授。

主に臨床研究やビオンの仕事に関する論文多数。Bion Today（2011, Routledge），The W.R. Bion Tradition（2016, Karnac），Explorations in Bion's "O"（2019, Routledge）等において執筆を担当。

西平 直（にしひら・ただし）
信州大学，東京都立大学，東京大学でドイツ哲学と教育哲学を学んだ後，立教大学に7年，東京大学に10年勤務し，2007年から京都大学大学院教育学研究科教授。専門は，教育人間学，死生学，哲学。

主な著書　『エリクソンの人学』東京大学出版会，『魂のライフサイクル——ユング・ウィルバー・シュタイナー』東京大学出版会，『世阿弥の稽古哲学』東京大学出版会，『無心のダイナミズム——「しなやかさ」の系譜』岩波現代全書，『誕生のインファンティア——生まれてきた不思議・死んでゆく不思雑・生まれてこなかった不思縦』みすず書房，『井筒俊彦と二重の見』未来哲学研究所，など。

清野 百合（せいの・ゆり）
1999年京都大学医学部卒。精神科医。臨床心理士。2018年日本精神分析学会奨励賞（山村賞）受賞。日本精神分析協会候補生。現在，勝田クリニック勤務および個人開業。

著訳書　『トラウマとジェンダー——臨床からの声』（共著），『リーディング・ビオン』（R.ヴェルモート），『ビオン・イン・ブエノスアイレス 1968』（J.アグアヨ他編）金剛出版，『精神分析の再発見』（T. H.オグデン著，共訳）木立の文庫，『精神力動的精神医学　第5版』（G. O.ギャバード著，共訳）岩崎学術出版社，がある。

著者略歴

松木 邦裕（まつき・くにひろ）

1950年佐賀市生まれ。熊本大学医学部卒業。

2009年～2016年京都大学大学院教育学研究科教授。精神分析個人開業。日本精神分析協会正会員。京都大学名誉教授。

編著書 『摂食障害の治療技法』,『精神科臨床での日常的冒険』,『精神分析臨床家の流儀』,『改訂増補 私説対象関係論的心理療法入門』,『新訂増補 パーソナリティ障害の精神分析的アプローチ』,『パーソナル精神分析事典』金剛出版,『精神分析体験：ビオンの宇宙』,『体系講義：対象関係論』岩崎学術出版社，他。_

訳書（訳，監訳）『メラニー・クライン トゥディ①②③』（E.B.スピリウス編）岩崎学術出版社,『新装版 ビオンの臨床セミナー』（W.R.ビオン),『新装版 信念と想像：精神分析のこころの探求』（R. ブリトン),『再考：精神病の精神分析論』（W.R. ビオン）,『リーディング・クライン』（M & M,ラスティン),『ビオン事典』（R. ロペス‐コルボ）,『リーディング・ビオン』（R. ヴェルモート）金剛出版，他。

西 見奈子（にし・みなこ）

1978年鹿児島県生まれ。

2001年九州大学教育学部卒業。

2006年九州大学大学院人間環境学府博士後期課程単位修得退学。

現在，京都大学大学院教育学研究科准教授。

専攻精神分析，精神分析史。

編著書 『精神分析にとって女とは何か』（編著）福村出版,『いかにして日本の精神分析は始まったか』みすず書房,『子どもとかかわる人のためのカウンセリング入門』（編著）萌文書林,『いのちを巡る臨床』（分担執筆）創元社,『「臨床のこころ」を学ぶ心理アセスメントの実際』（分担執筆）金子書房。

精《せい》神《しん》分《ぶん》析《せき》と無《む》 ビオンと禅《ぜん》の交《こう》差《さ》

Psychoanalysis and Nothingness (Mu):
the intersection between W. R. Bion and Zen Buddhism

2024年11月10日 印刷
2024年11月20日 発行

編者——松木邦裕
　　　　西 見奈子

著者——ルディ・ヴェルモート
　　　西平 直　　松木邦裕
　　　清野百合　　西 見奈子

発行者——立石正信
発行所——株式会社 金剛出版
〒112-0005
東京都文京区水道1-5-16
電話 03-3815-6661
振替 00120-6-34848

装丁◉臼井新太郎
カバー写真◉ルディ・ヴェルモート
組版◉石倉康次　　印刷・製本◉太平印刷社

Printed in Japan ©2024 ISBN978-4-7724-2058-7 C3011